모든 시험에 적용되는

연수남 지음

적용되는

**공부 속도를
미친 듯이 올리는
특급 비법**

33가지
진짜 공부법

프롤로그

·

연수남의 공부법은
이렇게 만들어졌다

    모두가 알다시피 〈연수남TV〉는 수능을 준비하는 학생부터 대학 공부, 자격증 시험, 공무원 시험 등을 준비하는 성인까지 '공부를 해서 시험에 합격하려는 모든 사람'을 위한 채널이다. 이 공간에서는 내 이름과 얼굴은 물론 대학원 이름과 수련병원, 근무병원 등을 비밀에 부쳐왔다. 오로지 효율적으로 공부하는 방법만을 소개한다.

    하지만 책을 쓰기로 마음먹었으니 이제는 내가 왜 유튜브 채널을 운영하고 공부법을 전파하고 있는지 털어놓고자 한다. 그러려면 아무래도 고등학교 때의 이야기를 해야겠다.

    고등학교 시절, 최상위권 성적은 아니었지만 그럭저럭 공부를 잘하는 학생이었다. 반 정원 35명 중에 3등을 왔다 갔다 하는 정도였는데 이 성적으로는 당시 목표했던 서울대학교 컴퓨터공학과를 갈 수 없을 확률이 높았다.

당시 나는 '워크래프트3'라는 게임에 빠져 있었다. 어느 정도로 이 게임을 좋아했냐면 방과 후에 바로 컴퓨터 앞으로 달려간 건 물론이고 부모님 몰래 새벽에 일어나서 한 적도 있다. 당시 부모님은 주말 새벽마다 등산을 다니셨는데 밖을 나서는 문소리가 들리면 곧장 게임을 켰고, 등산을 마치고 돌아오시는 시간이 되면 컴퓨터를 끄고 다시 자는 척을 하곤 했다.

등산을 마치고 온 어머니는 방금까지 켜져 있어 따끈따끈한 컴퓨터를 만져보곤 나에게 등짝 스매싱을 날리시기도 했다. 술을 먹고 귀가한 아버지는 수능 볼 때까지만이라도 게임을 끊으면 안 되겠냐고 꾸중과 애원 섞인 말을 하신 적도 있었다.

부모님의 애타는 마음을 머리로는 이해하지만 중독에 가깝도록 게임에 빠져 있었던 나는 쉽사리 끊을 수가 없었다. 전적은 수천 승에 달했고 아시아 랭킹도 50위 정도였다. 프로게이머 길드에 가입해 프로게이머의 연습 상대도 해주고 있었다. 학창 시절 딱 하루 아프다고 조퇴를 한 날이 있었는데, 사실은 내가 연습 상대를 해준 프로게이머의 경기를 실시간으로 보기 위함이었다. 나름 모범생이라고 자부했던 나의 유일한 일탈이었다. 그날 택시를 타고 집으로 향하던 도로 위의 풍경이 아직도 눈앞에 선하다.

물론 게임을 하는 와중에 공부도 열심히 했다. 하지만 당연하게도 내 성적은 도무지 오를 기미가 보이지 않았다. 고2 여름방학 어느 날이었다. 그날도 밤 늦게까지 게임을 했는데 내리 연패를 하면서 현타를 세게 맞았다. '내가 프로게이머를 할 것도 아니고 이 중요한 시기에 뭘 하고 있는 건가…?'라는 생각이 들었다. 당장 게임 CD를 부숴버릴 정도로 배포가 있는 사람은 아니었기에 조용히 CD를 꺼내서 책상 서랍 깊숙이 넣어버렸다. 그날 이후로 대학생이 될 때까지 나는 게임을 단 한 판도 하지 않았다.

게임을 끊으니 자연스럽게 공부할 시간이 확보되었다. 그러나 여름방학부터 2학기 내내 공부에 매진했음에도 성적은 여전히 제자리걸음이었고 눈 깜짝할 새 고2 겨울방학이 다가왔다. 이런 식으로 공부하다간 고3 성적도 별반 다를 게 없을 것 같았다. 서울대는커녕 연고대도 힘들었다. 나에게는 특단의 조치가 필요했다.

당시 우리 학교에서는 방학 때 보충 수업을 하고 늦은 오후부터 밤까지 자율학습을 시켰다. 이때 나는 선생님들의 수업보다는 나 자신을 믿고 싶었다(학교 선생님들의 능력을 폄하하는 건 절대 아니다.) 내가 특히나 약했던 과목은 수학이었고 부족한 수학을 극복하기 위해선 절대적인 순공 시간이 필요했다. 무엇보다 집에서 학교까지 차로 20~30분 간 이동하는 시간조차 너무 아깝다고 느껴졌다. 그 순간 결심했다.

'내 인생에서 믿을 건 나밖에 없다. 이번 겨울방학에 모든 것을 걸어보자.'

담임 선생님께는 학교의 모든 보충 수업을 듣지 않고 나 혼자 알아서 해보겠다고 과감히 말씀드렸다. 다행스럽게도 담임 선생님은 이런 나를 믿어주셨다. 학교에 가는 대신 집 앞 독서실에서 혼자 공부해도 좋다고 허락받은 것이다.

나는 겨울방학 동안 단 하루도, 정말 단 1분도 허투루 쓰지 않기로 결심했다. 방학 내내 하루도 빠짐없이 이 결심을 실천한다는 건 보통의 의지력으로 하기 힘들다. 하지만 실제로 나는 주말 하루도 안 쉬고, 친구 또한 한 명도 만나지 않았다. 마치 만화 〈드래곤볼〉에 나오는 '정신과 시간의 방'에서 수련하듯 외부와 단절된 채 오로지 내 목표만을 위해 달렸다.

하루는 새벽 1시까지 독서실에서 공부를 하고 나왔는데 차디찬 눈보라가 휘날리는 게 보였다. 눈보라를 맞으며 아무도 없는 길을 터벅터벅 걸어가는 기분은 제법 나쁘지 않았다. 남들은 좀 풀어질 수도 있는 방학에 이런 힘든 길을 자발적으로 걷는 게 진정으로 앞서 가는 걸음이라는 생각이 들었다. 묘한 상쾌함마저 느껴졌다.

흐트러지지 않고 계획대로 겨울방학을 보낸 뒤 떨리는 마음으로 고3 첫 모의고사를 보았다. 결과는 어땠을까? 내가 제일 약했던 수학 과목에서 1등급이 나왔다. 그리고 진짜 놀라운 일은 이후에 보았던 서울시교육청 모의고사에서 일어났다. 수학 과목 포함 올 1등급을 찍은 것이다. 반에서 1등, 전교에서 2등은 물론이고 전국에서도

순위권에 들며 기적과 같은 성적을 받게 되었다.

겨울방학 때 보낸 시간이 결코 헛되지 않았음을, 그리고 내가 세웠던 전략이 결코 잘못되지 않았음을 증명한 순간이었다. 이때의 성적이 수능을 볼 때까지 계속 유지된 건 아니었지만 당시의 짜릿했던 기억, 열심히 한 만큼 성과를 냈던 경험은 이후 내 삶에 있어서 큰 자양분이 되었다. 이 경험으로 내 몸에 성공 DNA가 각인된 것이다.

그렇게 나는 연세대학교 공과대학에 진학했다. 여느 대학생과 다를 게 없는 평범한 생활이었다. 동아리 활동도 하고, 미팅도 하고, 다시 게임도 시작하며 즐거운 대학 생활을 만끽했다. 시험 기간에는 열심히 공부해 그럭저럭 상위권의 성적을 받았다. 그리고 군대를 다녀오니 왠지 공부를 더 열심히 하고 싶어졌다.

복학하고 받은 첫 학기 성적은 올 A였다. 학점을 더 올리고 싶은 욕심이 들었다. 1학년 1학기 때 아쉬운 점수를 받은 과목은 계절학기에 재수강을 해 성적을 끌어올렸다. 방학이 끝나고 그다음 학기 성적표를 받았는데 놀랍게도 이번에도 올 A였다. 문득 내 성적이 과에서 몇 등인지 궁금해졌다. 과 사무실에 문의해 등수를 표기한 성적표를 뽑아 보았더니 1등이었다.

아드레날린이 솟구쳤다. 고등학교 때 새겨졌던 성공 DNA가 분출되는 기분이었다. 계속 이 등수를 유지해 수석 졸업을 하고 싶다는 욕심이 나기 시작했다. 그 이후로 나는 학기가 시작하는 날부터 중앙도서관으로 향했다. 그렇게 과 수석의 성적을 유지하며 결국 수석 졸업을 하게 되었다.

졸업 후에는 의·치의학 전문대학원에 입학했다. 여기에서는 고등학교나 대학교 때와 달리 좋은 성적을 받는 게 만만치 않았다.

공학 베이스의 공부를 해온 나는 생물/화학 전공의 동기들이나 암기 능력이 뛰어난 예과 출신 친구들과 경쟁하는 것이 무척이나 버겁게 느껴졌다. 본과 1학년 1학기는 유급을 걱정해야 될 정도였다.

어떻게 여기까지 왔는데. 나는 그 속에서 무조건 살아남아야 했기에 수많은 내용을 효율적으로 암기하는 방법에 대해 연구하기 시작했다. 그때 활용한 암기법 덕분에 성적은 매 학기 우상향했고 나중엔 장학금까지 받을 수 있었다. 대학원을 졸업하고 본교에서 인턴과 레지던트까지도 수료한 뒤 나는 전문의 시험을 준비해 나갔다. 그러던 어느 날이었다.

문득 수많은 공부법이 내 몸에 자연스럽게 익어 있다는 사실을 깨달았다. 의식하지 않아도 온갖 공부법, 암기법, 시간 활용법 등을 조합하고 활용해 시험 공부를 하고 있던 것이다. 그런데 전문의 시험만 끝나면 내 인생에 더 이상 시험은 없을 테고, 그렇다면 내가 개발한 이 공부법들은 서서히 잊히겠다는 생각이 들었다. 이렇게 사라지도록 두기엔 아쉬운 마음이 들어 공부를 할 때마다 내가 활용했던 공부법들을 하나씩 기록하기 시작했다.

메모장에는 수십 개의 공부법이 쌓여 갔고 이 수많은 공부법들을 도움이 필요한 사람들에게 공유하자고 결심했다. 그래서 탄생한 게 유튜브 채널 〈연수남TV〉다. ('연세대 수석 남자'의 준말이다. 작명 이유가 유치하긴 하지만 채널의 아이덴티티는 확실하다고 생각한다.)

전문의 시험 합격 통보를 받은 뒤 바로 유튜브를 시작했다. 많은 사람에게 실제로 도움이 되었는지 채널 개설 두 달만에 영상 9개로 구독자 1만 명을 달성했고, 1주일 후에 2만 명 돌파, 현재는 10만 명 이상의 구독자를 보유하게 되었다.

이 책 『모든 시험에 적용되는 33가지 진짜 공부법』은 〈연수남TV〉에 기반하고 있다. 유튜브의 특성상 공부 방법론 정도는 소개할 수 있지만 사례를 들어가며 어떤 식으로 적용할지 자세히 설명하는 데는 분명히 한계가 있다. 그렇다고 무한정 영상을 길게 만들 수는 없는 노릇이다. 그런 아쉬움을 덜고자 이 책을 쓰게 되었다. 연수남의 공부법을 보다 완벽하게 자신의 공부에 적용할 수 있게 도와줄 것이다.

이 책은 총 4부로 구성되어 있다. 1부에서는 크게 인풋과 아웃풋을 중심으로 효율적인 '암기법'에 대해 알아본다. 2부에서는 공부에서 가장 중요한 '시간 관리법'에 대해 소개했다. 3부는 지치지 않고 끝까지 공부할 수 있도록 몸과 마음의 '체력'을 합격에 최적화시키는 방법을 다뤘다. 마지막 4부는 우리의 최종 목표인 '시험'을 잘 보는 다양한 스킬을 만날 수 있다.

〈연수남TV〉를 전혀 몰랐던 사람에게도, 유튜브 영상을 열심히 봤지만 실질적으로 적용하기 어려웠던 사람에게도 이 책은 분명 유용할 거라 확신한다. 그동안 소개했던 유튜브 영상들 중에서도 가장 핵심적인 공부법 33가지만 뽑아 내 경험과 적절한 사례를 들어 재구성하였다. 어떤 유형의 수험생에게 어떤 공부법이 도움이 될지도 함께 제시했다. 또한 연수남의 필살기인 '공부법 로드맵'도 수록했으니 현재 본인에게 필요한 공부법 테크트리를 구성해 보길 추천한다.

지금부터 연수남과 함께 공부법의 깊고 다양한 세계로 즐거운 여행을 떠나보자.

당부의 말

•

33가지 공부법을
100퍼센트 활용하기 위하여

• 이토록 많은 암기법과 공부법이 필요한 이유 •

유튜브에서 다양한 암기법을 소개할 때 나의 모토는 '암기법 무기창고를 채우고 활용하기'다. 적절한 암기법(무기)들을 조합해 융단폭격 식으로 외워나가기 때문이다. 이런 방식은 쉽고 재밌으면서도 효율적으로 암기하는 것을 가능하게 한다.

이 책에서 다양한 공부법을 언급하는 것도 같은 기조다. 총 33가지의 공부법을 소개하고 있는데 여기서 2가지 공부법만 조합해도 33C2=528가지의 공부 방식이, 4가지 공부법만 조합해도 33C4=40,920가지의 공부 방식이 탄생한다.*

---

* 수식에 대한 계산법은 이렇다. (33X32)/(2X1)=528, (33X32X31X30)/(4X3X2X1)=40,920

이렇게 공부 무기들을 숙지하고 조합할 줄 아는 것은 굉장이 중요하다. 다양한 시험의 난이도와 복잡한 출제방식에 따라 유연하게 대처하는 것이 가능해지기 때문이다. 이 책에서 소개하는 33가지 공부법들은 수박 겉핥기식의 깊이가 얕고 단순한 공부법들이 아니다. 중고등학교 내신시험부터 30대에 박사학위를 따기까지 공부 효율을 높이기 위해 치열하게 고민했던 결과물이다. 여러분은 그저 이 농축된 결과물들을 빠르게 흡수해 활용하면 될 뿐이다.

다만 공부법을 활용하는 데도 많은 훈련이 필요하다는 점을 잊으면 안 된다. 처음에는 활용하는 게 어려울지라도 한 단계 더 공부 고수가 될 나를 상상하며 우직하게 본인의 것으로 만드는 과정을 꼭 거치길 바란다.

• 공부법을 선택하고 조합하는 방법 •

어떤 공부법을 어떻게 조합하느냐에 따라 수많은 공부 방식이 존재하는 만큼 당신이 어떤 공부법을 선택할지에 대한 정답은 없다. 이 책을 읽는 독자들은 성적을 기준으로 봤을 때 상위권, 중위권, 하위권 등 다양할 것이다.

① 상위권

상위권의 경우, 어딘가 2% 부족한 공부 방식이 최상위권으로 진입하는 것을 막을 것이고, 이 2%를 채우기 위해 이 책을 활용하면 된다. 상위권은 보통 자신이 어느 부분이 부족한지 잘 알고 있다. 차례를 한번 쭉 훑어보고 자신이 가장 부족하다고 생각한 부분부터 읽고 바로 실천해 보길 바란다.

② 중위권

중위권은 공부하는 습관은 잡혀 있지만 잘못된 공부법을 실천하고 있거나, 본인에게 어느 부분이 부족한지 모르는 경우가 많다. 이런 경우를 위해 각 공부법마다 어떤 사람이 활용할 때 최적의 효율을 뽑아낼 수 있는지 핵심 키워드를 적어두었다. 본인에게 해당되는 것 위주로 읽는 것도 좋고, 별도로 수록한 '공부법 로드맵'을 참고하는 것도 좋다.

③ 하위권

하위권은 공부에 대한 감이 전혀 없는 경우다. 이럴 때는 책을 1쪽부터 마지막 페이지까지 천천히 정독하고 공부법이란 어떤 것인가에 대해 감을 먼저 잡길 추천한다. 그 뒤에 공부법 로드맵에 따라 본인의 상황에 맞는 공부법들을 선택해서 활용해 보자. 그리고 선택한 공부법들을 다시 한번 복습하며 하나씩 마스터해 나가길 바란다.

연수남
공부법 로드맵

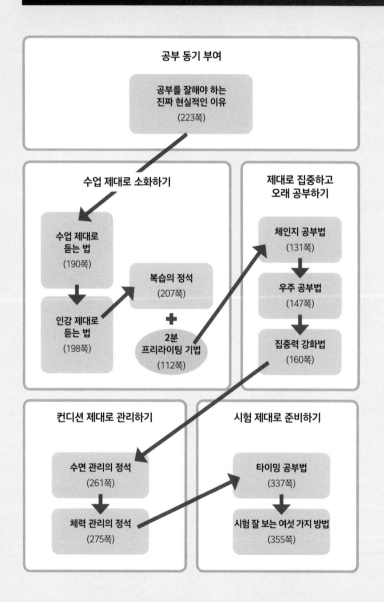

공부 동기 부여

공부를 잘해야 하는
진짜 현실적인 이유
(223쪽)

수업 제대로 소화하기

수업 제대로
듣는 법
(190쪽)

인강 제대로
듣는 법
(198쪽)

복습의 정석
(207쪽)

2분
프리라이팅 기법
(112쪽)

**제대로 집중하고
오래 공부하기**

체인지 공부법
(131쪽)

우주 공부법
(147쪽)

집중력 강화법
(160쪽)

컨디션 제대로 관리하기

수면 관리의 정석
(261쪽)

체력 관리의 정석
(275쪽)

시험 제대로 준비하기

타이밍 공부법
(337쪽)

시험 잘 보는 여섯 가지 방법
(355쪽)

책상에 앉아 오래 공부하기 힘든 공부 초심자에게 추천하는 맞춤형 로드맵이다. 공부 초심자에게는 무엇보다 '동기 부여'가 가장 중요하다. 공부를 잘해야 하는 이유의 본질에 대해 알게 되면 스스로 공부하고자 하는 의지가 차오르는 것을 느낄 수 있다. 초심자에게는 어떤 스킬적인 면보다 우선 기본에 충실하라고 말하고 싶다. 공부의 동기를 찾았다면 수업을 충실하게 듣고 소화한 뒤 복습으로 기초를 단단히 다지길 추천한다.

공부의 동기 부여도 확실히 되었고 수업까지 제대로 소화했다면 그다음은 집중하고 오래 연습하는 훈련이 필요하다. 체인지 공부법과 우주 공부법, 집중력 강화법 등은 모두 순공 시간을 끌어올리는 시간 관리에 관한 공부법이다. 초심자일수록 절대적인 공부 시간을 확보한 뒤 컨디션을 관리해야 오래 공부할 수 있다.

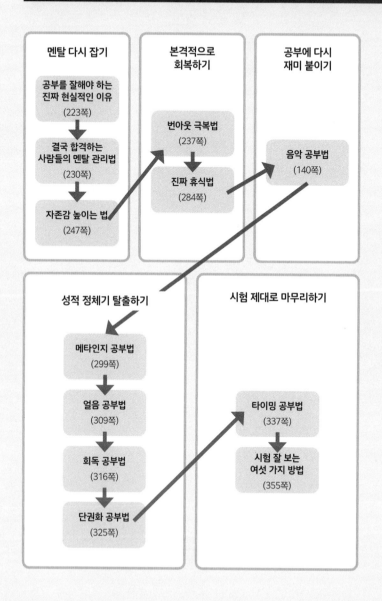

장기간 공부를 하다 보면 몸과 마음이 지치는 번아웃 상태가 한 번쯤은 온다. 이런 상황이라면 우선 멘탈부터 다시 바로 잡도록 하자.

먼저 공부를 해야 하는 이유에 대해 면밀히 생각해 보자. 내가 왜 이렇게 오랜 기간 공부해야 하는지 스스로 이유를 찾아야 건강한 멘탈로 공부를 이어갈 수 있다. 이때, 무엇보다 자존감이 중요하다. 공부 자존감은 공부의 효율을 높이고 스스로를 믿는 힘이다. 이 힘이 공부를 지속할 수 있게 한다.

정말 번아웃이 왔을 땐 제대로 쉴 줄도 알아야 한다. 진짜 휴식법을 찾아 리프레시를 제대로 즐기길 바란다. 그래야 다시 공부에 재미를 붙일 수 있다. 공부에 영 재미가 안 붙는다면 개인적으로 음악 공부법을 추천한다.

공부하다 번아웃이 오는 이유는 보통 성적이 정체되거나 합격하지 못했기 때문이다. 이런 정체기를 극복하려면 과목을 완벽히 마스터할 수 있는 메타인지 공부법이나 얼음 공부법, 회독 공부법, 단권화 공부법 등을 추천한다. 그동안 제자리걸음이던 위치에서 최상위권으로 도약하며 합격의 짜릿함을 누릴 수 있을 것이다.

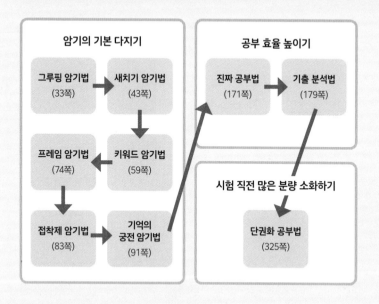

모든 공부는 기출에서 시작해서 기출에서 끝난다고 보면 된다. 공시생 및 의·치·약대생처럼 방대한 양을 머리에 넣으며 공부해야 한다면 시험에 나올 부분만 추출해서 공부하는 게 가장 효율적이다.

많은 양을 머리에 넣으려면 기본적으로 암기 능력이 뛰어나야 한다. 암기 능력을 키우는 훈련을 하기 위해 1장에 있는 모든 암기의 기본을 다지는 것부 터 시작하자. 그중에서 본인과 가장 잘 맞는 암기법을 찾아 암기 스킬을 연습 한 뒤 공부 효율을 높일 수 있는 다른 공부법으로 넘어가길 추천한다.

4) 서술형 시험을 준비 중인 대학생 및 고시생

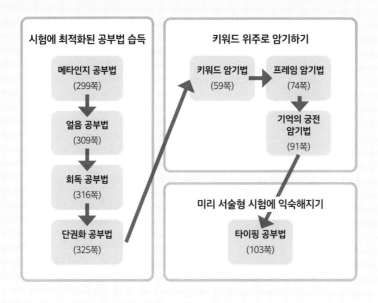

시험에 최적화된 공부법 습득
- 메타인지 공부법 (299쪽)
- 얼음 공부법 (309쪽)
- 회독 공부법 (316쪽)
- 단권화 공부법 (325쪽)

키워드 위주로 암기하기
- 키워드 암기법 (59쪽)
- 프레임 암기법 (74쪽)
- 기억의 궁전 암기법 (91쪽)

미리 서술형 시험에 익숙해지기
- 타이핑 공부법 (103쪽)

　　주관식이나 서술형 시험을 준비하는 수험생들에게는 '시험'에 최적화된 공부법을 습득하는 게 무엇보다 중요하다. 책의 전체적인 내용을 신경 쓰면서 공부하되 핵심 키워드와 그 주위 개념을 익힌다.

　　특히 '얼음 공부법'을 추천한다. 핵심 키워드에 연결된 주위 개념까지 외우면서 공부하는 것이다. 그 외 키워드 암기법, 프레임 암기법, 기억의 궁전 암기법을 잘 활용해 본인에게 맞는 방법을 찾아보자.

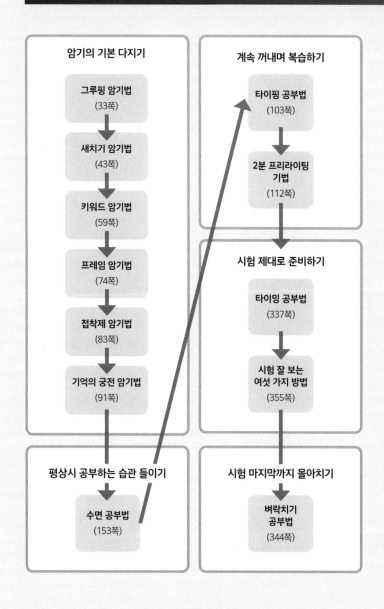

암기의 기본 다지기

그루핑 암기법
(33쪽)

새치기 암기법
(43쪽)

키워드 암기법
(59쪽)

프레임 암기법
(74쪽)

접착제 암기법
(83쪽)

기억의 궁전 암기법
(91쪽)

계속 꺼내며 복습하기

타이핑 공부법
(103쪽)

2분 프리라이팅 기법
(112쪽)

시험 제대로 준비하기

타이밍 공부법
(337쪽)

시험 잘 보는 여섯 가지 방법
(355쪽)

평상시 공부하는 습관 들이기

수면 공부법
(153쪽)

시험 마지막까지 몰아치기

벼락치기 공부법
(344쪽)

수능이나 공무원 시험 등 장기간 준비하는 시험과 달리 단기 시험은 단순하게 접근한다. 먼저 1장에 실린 다양한 암기법 중 본인에게 잘 맞는 암기법 조합을 찾아 평상시에 공부하는 습관을 들인다.

단기 시험은 자신의 모든 것을 짧은 시간 안에 쏟아내야 하기 때문에 절대적인 순공 시간 확보가 중요하다. 잠들기 전과 기상 직후에 단순한 암기 과목을 공부하는 수면 공부법을 추천한다. 공부 습관을 들인 뒤에는 공부한 내용을 끊임없이 아웃풋하며 복습하는 과정을 진행한다.

남은 시험일을 기준으로 현재 어떤 상황인지 제대로 파악하고 각 타이밍에 집중해서 볼 내용을 정리해 두자. 이렇게 공부했음에도 부족한 과목이 있다면 최후의 수단, 벼락치기 공부법을 활용하는 것도 하나의 방법이다.

─── • 1부 • ───

합격까지 이르는 길을
탄탄하게 다져줄 암기법

1장   인풋   빠르게 외우기

2장   아웃풋   정확하게 끄집어내기

• 2부 •

합격까지 초고속으로 도달하는
시간 관리 공부법

3장 [시간] 순공 시간을 끌어올리는 방법

4장 [효율] 공부 효율을 2배 올리는 방법

• 3부 •
합격에 최적화된
몸과 마음을 만드는 체력

5장 마음 멘탈 최적화

6장 몸 컨디션 최적화

• 4부 •
가장 확실하게
합격으로 이끄는 시험 스킬

7장 마스터 초고득점으로 과목을 완벽히 마스터하는 방법

8장 마무리 합격 성패를 결정하는 시험 직전 공부법

나는 수능을 준비할 때까지는 순공 시간으로 승부를 보는 방법을 택했다. 별도의 암기 과정 없이 주구장창 교과서를 보고 문제집을 푸는 행위를 반복했다. 하지만 이러한 공부 방식이 대학교와 대학원에 진학하면서 더 이상 통하지 않는다는 것을 깨달았다. 세상에 존재하는 모든 시험이 수능처럼 오랜 시간 동안 같은 책을 반복해서 볼 기회를 주지 않기 때문이다. 기술적으로 머릿속에 넣고 내가 제대로 외웠는지 확인해 보는 과정이 수반된 암기법이 필요하다는 것을 절실히 느꼈다.

수많은 암기법을 개발하고 갈고 닦았던 시기가 바로 이때다. 경쟁에서 생존하기 위해 다양한 암기법들을 활용했고 효과는 확실했다. 외워야 하는 내용이 많기로 유명한 의·치의학 전문대학원 본과 성적이 1학년 1학기부터 4학년 4학기까지 단 한 번도 떨어지지 않고 계속 우상향한 것이 이를 증명한다. 치열하게 공부해야 했던 그 시절을 버티게 만들어준 핵심 암기법들을 차근차근 소개한다.

1부

합격까지 이르는 길을
탄탄하게 다져줄

암기법

1장

(인풋)

빠르게
외우기

그루핑 암기법

그루핑의 원리를 알면
여러 문장을 외우는 게 쉬워진다

그루핑(Groupping) 암기법은 말 그대로 '그룹을 지어서' 암기하는 방법이다. 많은 양의 정보를 단기간에 머릿속에 넣고 오랫동안 기억해야 하는 공시생이나 자격증 등을 준비하는 수험생들에게 효과적이다. 이 암기법 자체로도 외우는 데 도움이 되지만 본인이 활용할 수 있는 암기법이 많을수록 그 효과가 더욱 빛을 발한다. 뒤에서 소개하는 다양한 암기법을 습득 후 다시 꼭 그루핑 암기법으로 돌아와 정교하게 익히길 바란다.

그루핑 암기법의 원리는 간단하다. 책에 나온 내용을 순서대로 외우지 말고 내가 외우기 편한 방식으로 그룹을 만들고 순서를 변형해서 외운다.

책에서 A개념이 1부터 7까지, 총 7개로 라벨링되어 있다고 가정해 보자. 그루핑 암기법은 이 7개를 순서대로 외우지 않고 4-3-6 / 7-1 / 2-5처럼 3개의 그룹으로 나누고 순서를 바꿔 외우는 것이다.

일반 암기법	그루핑 암기법
A개념	**A개념**
1. _____	4. _____
2. _____	3. _____
3. _____	6. _____
4. _____	7. _____
5. _____	1. _____
6. _____	2. _____
7. _____	5. _____

그루핑한 결과는 4-3-6 / 7-1 / 2-5 같은 식으로 간단하게 써두기만 하면 된다. 재구성한 내용을 따로 노트나 책에 다시 적어야 할 필요는 없다. 공부의 기본은 시간 낭비를 최대한 줄이고 효율을 높이는 것이다.

다음은 EBS 고등예비과정 한국사 교과목에서 외워야 할 3·1운동의 의의다.

3·1운동의 의의

1. 일제 강점기 최대 규모의 항일 운동이다.
2. 대한민국 임시 정부 수립의 계기가 되었다.
3. 다양한 민족 운동이 활성화되었다.
4. 일제 통치 방식의 변화를 주었다.
5. 중국의 5·4운동 등에 영향을 주었다.

우선 무작정 순서대로 암기해 보자. 언뜻 보면 5개 문장이 서로 연관 없어 보이기에 암기 자체가 오래 걸릴뿐더러 설사 외웠다고 해도 다시 떠올리는 게 쉽지 않을 것이다. 여기에 그루핑 암기법의 규칙을 적용해 보도록 하겠다.

첫째, 책에서 **본인이 외울 영역을 정한다.** 이론서나 기출 해설이라면 외워야 할 영역이 이미 예시처럼 깔끔하게 라벨

이론서		교과서	
1. _____		❶ _____	
2. _____		_____	
3. _____		❷ _____	
		❸ _____	
4. _____ ←		_____	
5. _____		❹ _____	
6. _____		❺ _____	
7. _____		❻ _____	
		❼ _____	

링되어 있을 것이다. 하지만 일반 교과서라면 그렇지 않은 경우가 많다. 이럴 때는 핵심 문장들을 먼저 추려 밑줄을 친 뒤 숫자를 써 직접 라벨링을 한다.

둘째, 외워야 할 부분들을 읽고 **각 문장에서 말하고자 하는 대상을 파악한다.** 그리고 같은 대상을 나타내는 라벨링끼리 묶는다.

3·1운동의 의의
1. 일제 강점기 최대 규모의 **항일 운동**이다.
2. 대한민국 임시 정부 수립의 계기가 되었다.

3. 다양한 **민족 운동**이 활성화되었다.

4. 일제 통치 방식의 변화를 주었다.

5. 중국의 **5·4운동** 등에 영향을 주었다.

여기에서는 1, 3, 5는 공통적으로 '운동'을 대상으로 말하고 있다. 따라서 1-3-5 / 2 / 4로 그루핑할 수 있다.

셋째, 각 문장의 **구성 요소(품사)를 관찰한다.** 대부분의 문장은 다음과 같은 구성 요소에서 크게 벗어나지 않는다.

조건	시간, 장소, 가정 같은 수식어가 붙는 경우를 말한다. 예를 들면 ~에서, ~ 이내에, ~할 때, ~한다면 등이 있다. 조건 자체가 없는 문장도 있다.
명사①	보통 문장의 핵심 키워드로, 대부분의 문장에서 등장한다. 주어나 목적어에 주목하고 전체적인 맥락에서 더 중요하다고 생각되는 부분이 핵심 키워드라고 생각해도 좋다.
형용사/ 동사/명사②	핵심 키워드의 특성이나 행동 또는 그 자체를 정의한다. 여러 문장에서 명사①이 공통적으로 나오고 이 부분이 계속 달라지는 문장이 나열된다면 오히려 이쪽이 외워야 하는 키워드라고 볼 수 있다.

"일제 강점기 최대 규모의 항일 운동이다"라는 문장을 뜯어 보자. '일제강점기'는 시간(조건), '최대 규모의'는 형용사, '항일 운동'은 명사①로 볼 수 있다. 이 문장에서는 시간(조

건), 형용사, 명사① 총 3개의 구성 요소를 외워야 하는 것이다. "일제 통치 방식의 변화를 주었다"에서는 '일제 통치 방식'은 명사①, '변화를 주었다'는 동사로 볼 수 있다. 이 문장에서는 총 2개의 구성 요소를 외워야 한다.

3·1운동의 의의

1. 일제 강점기 최대 규모의 **항일 운동**이다.
2. **대한민국 임시 정부 수립**의 계기가 되었다.
3. 다양한 **민족 운동**이 활성화되었다.
4. **일제 통치 방식**의 변화를 주었다.
5. 중국의 **5·4운동** 등에 영향을 주었다.

각 문장의 구성 요소마다 어떤 단어가 들어 있는지 살펴보고 조건이나 구성 요소가 똑같거나 비슷하거나 아니면 아예 정반대인 것을 하나의 그룹으로 묶는 것도 가능하다.

우선 1-3-5는 '운동'이라는 키워드로 그루핑을 한다. 1-3-5 / 2, 4에서 2와 4는 '지배'라는 키워드로 그루핑할 수 있다. 당시 시대 상황을 고려했을 때 문장 4의 '일제 통치 방식'은 위에서 지배하는 입장, 문장 2의 '대한민국 임시 정부 수립'은 지배에 대항하는 입장으로 볼 수 있으므로 서로 정반대

내용으로 인식하는 것이다. 결과적으로 1-3-5 / 2-4로 그루핑할 수 있다.

그루핑이 끝났으면 '운동' 그룹에 해당하는 3개 문장(1-3-5)을 떠올리고 외우지 못했던 문장은 다시 암기한다. 마찬가지로 '지배' 그룹에 해당하는 2개 문장(2-4)도 똑같이 진행한다.

이성 친구를 사귈 때 성향이 비슷한 사람을 찾거나 아니면 아예 반대되는 사람이 끌리는 경우가 많다. 이처럼 서로 비슷한 문장들이거나 혹은 오히려 정반대의 문장들이 연결되었을 때 덩어리째로 기억이 잘 나는 법이다.

앞서 설명한 예시 말고도 이것저것 묶다 보면 여러 가지 옵션이 보일 것이다. '일제'라는 키워드로 1-4를 하나의 그룹으로 묶을 수도 있다. 하지만 일제를 떠올린 이후에도 강점기 및 통치 방식을 추가로 떠올려야 하고 나머지를 묶을 방안이 쉽게 떠오르지 않기 때문에 이런 식으로 묶는 건 최선의 그루핑이 아니다. 이럴 땐 잠시 책에서 눈을 떼고 구성 요소들이 더 잘 떠오르는 묶기 기준을 택한 뒤 그 기준으로 그루핑하는 것이 좋다.

이 과정을 반복해 추가로 그루핑을 시행한다. 더 이상 그루핑할 게 없다면 가상의 기준을 만들어서 묶거나 마무리하고 암기에 들어가면 된다.

가상의 기준에 따라 문장 묶기

가상의 기준에 따라 그루핑하는 방법에 대해서도 간단하게 소개하겠다. 여기서 말하는 가상의 기준이란 문단에서 각 문장이 차지하는 '카테고리'를 뜻한다. 해당 문장이 특정 개념의 정의를 말하는 건지, 세부 구성 요소를 말하는 건지, 예시를 말하는 건지, 문제점을 말하는 건지 등에 따라 분류할 수 있다.

쇼그렌증후군(Sjogren's syndrome)

① 쇼그렌증후군은 타액선과 누선에 이상을 미치는 만성 자가면역성 질환이다. **(정의)** ② 구강건조증은 이 질환의 두드러진 특징으로 50% 이상에서 양측성 이하선 병변이 나타난다. **(증상)** ③ 누선에서는 분비 상피세포의 위축으로 안구건조증이 발생한다. **(증상)** ④ 쇼그렌증후군은 50세 전후의 여성에게서 호발하며 약 90%의 경우 여성에서 발생한다. **(환자군)** ⑤ 이 질환은 결합조직 병변이 없는 원발성(일차성) 쇼그렌증후군과 결합조직 병변을 동반하는 속발성(이차성) 쇼그렌증후군으로 구분된다. **(세부 분류)** ⑥ 쇼그렌증후군 환자의 절반 정도에서 관절염이 나타난다. **(증상)** ⑦ 관절통, 조조강직, 만성 다발성 관절염 등이 나타날 수 있지만 류마티스 관절염과는 달리 뼈가 깎이는 골 침식이 일어나지는 않는다. **(증상)** ⑧ 10% 정도의 환자에게서 광과민성, 홍반성 결절, 편평태선, 백반증, 건조증, 피부위축증, 탈모 등의 피부 증상들이 나타난다. **(증상)**

위 예시는 쇼그렌증후군에 대한 설명이다. 전체적으로 이어지는 한 문단이지만, 여기에선 설명에 이해를 돕고자 문장마다 번호를 표기했다. 이 문단 자체를 모두 외워서 서술형 시험에서 기술해야 한다면 어떻게 외워야 할지 막막할 것이다. 가상의 기준을 세운 뒤 그루핑을 진행해 보자.

우선 한번 쭉 읽어본 뒤, 문장의 구성 요소를 나누지 않고 그루핑을 진행한다. ②, ③, ⑥, ⑦, ⑧은 이 질환의 구체적인 증상에 대해 말하고 있다. 따라서 이 5개 문장을 '증상'이라는 가상의 기준으로 그루핑한다. 그리고 나머지 문장들도 각각의 기준에 따라 정리하고 각 문장 옆에 ①(정의) / ④(환자군) / ⑤(세부 분류) / ②, ③, ⑥, ⑦, ⑧(증상) 등으로 표기한다. 이러면 외우기도 쉽고 나중에 외운 것을 꺼내보는 아웃풋도 쉬워진다.

그루핑을 더 견고히 하는 법

여기까지 잘 이해하고 따라왔다면 그루핑 암기를 한 단계 더 견고하게 만드는 방법까지 익혀보자. 첫 번째는 각 구성 요소의 라벨링 개수를 기억하는 것이다. 위 예시의 경우 정의 문장 1개, 환자군 문장 1개, 세부 분류 문장 1개, 증상 문장 5개로 구성되어 있다. 각 그루핑의 문장 개수를 기억해 두면 '증상 문장에는 5개가 있었지. 현재 내가 4개를 기억했는데 나머지 1개는 뭐였지?' 이런 식으로 라벨링의 개수가 일종의 힌트 역할을 한다.

두 번째는 색깔펜을 활용하는 것이다. 그루핑한 결과만 옆에 써 놓는 것도 좋지만 아예 문단 자체를 색깔별로 시각화하는 것이다. 같은 그룹에 해당하는 내용을 같은 색으로 표시하고 만약 색깔이 부족하다면 다양한 모양의 밑줄을 활용하는 등 형태에 변화를 주는 방식도 가능하다. 이렇게 해두면 복습할 때 내게 부족한 부분만 빠르게 보고 넘어갈 수 있다.

그루핑 암기법은 본인이 활용할 수 있는 암기 스킬이 많을수록 그 효과가 더욱 빛난다. 동일한 암기법으로 외울 수 있는 문장들끼리 그루핑하는 것도 가능하기 때문이다. 뒤에서 소개하는 다양한 암기법을 습득 후 꼭 다시 그루핑 암기법으로 돌아와서 활용해 보길 바란다.

그루핑 암기법을 더 정교하고 쉽게 만드는 한 가지 방법이 더 있다. 바로 '그루핑 내에서 라벨링의 순서를 외우기 쉽게 바꿔서 외우는 것'이다. 자세한 방법은 다음 새치기 암기법에서 소개한다.

새치기 암기법

기본 원리는 '이미지화'와 '연결'이다

　새치기 암기법에 대한 자세한 설명에 들어가기 앞서 대전제를 짚고 넘어가겠다. 바로 '이미지화'와 '연결'이다.

　시험장에서 어떤 개념을 떠올리고자 할 때 단서로 떠올릴 수 있는 수단 중 가장 좋은 것은 무엇일까? 바로 '이미지'다. 이미지는 아웃풋에도 유용하지만 암기의 속도와 정확도를 올려주는 촉매제 역할을 한다. 다음은 '연결'이다. 하나의 단서를 시작으로 줄줄이 사탕처럼 나머지 라벨링까지 꺼내는 것이다.

이 대전제를 먼저 알고 있어야 지금부터 설명하는 새치기 암기법의 방법론을 이해할 수 있다. 새치기 암기법의 원리는 간단하다. 외울 문장이나 라벨링의 순서를 새치기하듯 적절하게 바꿔 암기력을 높이는 것이다.

지금부터 새치기 암기법을 똑똑하게 활용할 수 있는 다섯 가지 방법론을 소개한다.

새치기를 하는 다섯 가지 방법론

스토리에 따른 재배열

문장을 스토리에 따라 재배열하는 방법이다. 크게 두 가지 방식으로 나눌 수 있다. 하나는 명확한 인과관계로 이어지게 하는 방식이고, 다른 하나는 반대로 말이 안 되게 이어버려서 그 임팩트 자체로 외우는 방식이다. 애매하게 논리적이거나 어설프게 말이 안 되도록 이을 경우 오히려 헷갈려서 오래 기억하기 힘들다.

다음은 EBS 고등학교 통합과학 예비과정 중 생명 시스템 단원에 나오는 내용이다.

효소의 이용

1. 다양한 발효 식품을 만들 때 유용한 물질을 생산하는 효소가 이용된다.

2. 소화제나 세제에는 영양소를 분해하는 효소가 이용된다.

3. 생활하수 등을 정화시키는 환경 분야에서는 오염 물질을 분해하는 효소가 이용된다.

4. 이 외에도 의료 분야, 생명공학 분야, 산업 분야 등에 다양한 효소가 이용된다.

보통은 문장을 주어진 순서대로 여러 번 읽어서 외우지만 한번 외우고 다시 떠올리려고 하면 한두 개는 빠뜨릴 것이다. 왜냐고? 무작정 외웠기 때문이다. 이번에는 새치기 암기법으로 외워보자. 스토리로 재배열하면 문장을 통째로 외울 수 있다.

먼저 "3. 생활하수 등을 정화시키는 환경 분야에서는 오염 물질을 분해하는 효소가 이용된다"는 문장에서 외워야 할 단어는 '생활하수', '환경 분야', '오염 물질' 등이다. 핵심 키워드만 외우면 나머지 문장들을 떠올리는 것은 어렵지 않다. 생활하수, 환경 분야, 오염 물질의 키워드를 이용해 나는 다음과 같은 스토리를 떠올렸다. 길을 가다가 하수구에 더러운 **오염 물질**들이 보인다. 이걸 그냥 방치하니 **환경오염**이 심각해진다. 결국 많은 사람들이 전염병에 걸려 **의료 체계**에 비상이 생긴다.

물론 오염 물질이 많다고 해서 전염병이 생기고 의료 체계에 비상이 생기는 논리는 비약이 심하다. 하지만 이 정도 인과관계는 충분히 있을 수 있는 일이고 어느 정도의 비약은 더 쉽게 기억하도록 도움이 될 때가 있다.

3. **생활하수** 등을 정화시키는 **환경 분야**에서는 **오염 물질**을 분해하는 효소가 이용된다.

많은 사람들이 병에 걸림

4. 이 외에도 **의료 분야**, 생명공학 분야, 산업 분야 등에 다양한 효소가 이용된다.

여기서 이미 눈치 챈 사람도 있겠지만 자연스럽게 '4. 의료 분야'(의료 체계와 의료 분야는 서로 연관지어 떠올리는 게 수월하다)로 넘어왔다. 다음 스토리는 이렇게 떠올렸다. 의료 체계에 비상이 생겨 나는 대학에서 **생명공학**을 전공해 오염 물질 분해 이론을 만들어 여러 **산업 분야**에 공유하겠다!

이런 식으로 환경 문제를 보고 내 전공을 정하고 여러 산업에 적용하고자 하는 다짐을 스토리로 이어서 생각하며 문장 3, 4를 암기하는 것이다.

이어서 스토리를 더 만든다. **생명공학**을 전공해 **산업** 프로젝트를 진행하는데 당장 일을 시작하기엔 배가 너무 고파서 급하게 밥과 김치(**발효식품**)를 먹다가 체했다. 그래서 **소화제**를 먹었으나 결국 오바이트를 하게 되었고 **세제**를 이용해 옷을 빨았다. 이런 식으로 문장 1, 2도 마저 스토리로 구상했다. 스토리를 연결해 3-4-1-2로 순서를 바꿔서 외우면 모든 문장을 통째로 외울 수 있게 되는 식이다.

스토리를 떠올리는 생각의 메커니즘을 자세히 적느라 이 과정이 장황하게 보일 수는 있으나 내가 실제로 4개의 문장을 보고 스토리를 떠올린 건 수 초 이내다. 즉, 익숙해지면 활용하는 데 많은 노력이나 시간이 필요하지 않다는 말이다.

혹자는 이런 과정을 왜 굳이 귀찮게 한 번 더 거치는지 의문을 가질 수도 있다. 물론 사람에 따라서는 주어진 순서대로 반복해서 읽고 외우는 게 편할 수도 있다. 하지만 외워야 하는 문장이 수천 개에 달한다면 어떨까? 심지어 장기적으로 기억해야 되는 상황이라면? 무작정 외운 것보다 스토리에 따라 순서를 바꿔서 외운 것이 훨씬 오랫동안 기억에 남는다.

시험에 지장을 줄 정도의 잘못된 논리가 아닌 오직 암기의 수단으로써 본인만의 논리는 만들어도 괜찮다. 이러한 논리는 문장을 외우기 위한 징검다리로 활용하는 것이다. 논리의 비약과 축소를 활용했다면 그 문장을 완벽하게 암기한 후에는 이 논리들을 잊어도 크게 상관없다.

그라데이션(단계적 차원)에 따른 재배열

하나의 글 안에 나열된 문장들이 항상 같은 차원을 가지는 것은 아니다. 나열된 문장끼리의 관계가 평행한 경우도 분명히 있다. 하지만 개념에 상하가 존재한다면 암기할 때 점점 더 높여가거나 낮춰가는 식으로 단계적으로 전개하는 방법도 있다.

다음은 고등학교 사회탐구 영역인 윤리와 사상에서 외워야 할 공자의 대동사회 특징이다.

공자의 대동사회 특징 4가지

1. 이상적인 성인이 나라를 다스림.
2. 모든 사회 구성원들이 가족과 같이 친밀한 관계를 맺음.
3. 누구나 현명하고 유능하다면 등용됨.
4. 사회적 재화가 고르게 분배되고 사회적 약자를 보호함.

나열된 4개 문장을 먼저 천천히 살펴보자. 문장 2의 '모든 사회 구성원'들이 **전체를 아우르는 차원**의 개념이라고 할 수 있다. 문장 4의 '사회적 약자'가 **가장 낮은 단계의 차원**, 그리고 문장 3은 **낮은 단계에서 높은 단계로 올라가는 과도기**, 문장 1은 '이상적인 성인', 즉 **가장 높은 단계의 차원**이라고 할 수 있다.

따라서 이 4개의 문장을 암기할 때는 전체 계층의 사람들을 아우르는 문장 2를 먼저 떠올리고, 낮은 단계부터 단계적으로 올라가며 외우면 된다. (2-4-3-1)

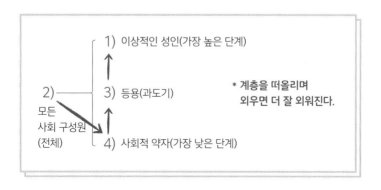

시간 순서에 따른 재배열

이번에는 시간 순으로 문장 순서를 바꿔서 외우는 방법이다. 다음은 고등학교 사회탐구 영역의 윤리와 사상에 나오는 인간의 다양한 특성을 다룬 내용이다.

인간의 다양한 특성

1. 이성적 존재: 고도의 사고 능력을 활용하여 자신과 세계에 대해 끊임없이 사유하고 해석하는 존재

2. 사회적 존재: 사회 속에서 비로소 온전하게 성장하고 삶을 영위할 수 있는 존재

3. 정치적 존재: 단순히 무리를 이루어 사는 것을 넘어 정치 활동을 하는 존재

4. 도구적 존재: 자신의 필요에 따라 다양한 유형, 무형의 도구를 만들어 사용하는 존재

5. 유희적 존재: 삶의 재미와 즐거움을 추구하는 존재

6. 문화적 존재: 언어, 지식, 사상, 기술, 예술 등 인간 생활 양식의 총체인 문화를 창조하고 언어나 문자와 같은 상징 체계를 통하여 문화를 계승하는 존재

7. 종교적 존재: 유한한 세계를 넘어 초월적이고 무한한 것을 추구하는 존재

8. 윤리적 존재: 보편적으로 타당한 선을 파악하는 능력과 자기 중심성을 벗어나 자신을 반성할 수 있는 능력을 지닌 존재

위에 나온 8개의 개념과 문장은 언뜻 봐도 수십 번은 읽어야 모두 외워질 것 같다. 시간 순서를 활용하려면 먼저 전체 번호의 문장을 읽어보고 무슨 뜻인지 파악한다. 주어진 문장이 8개나 되므로 2개의 그룹으로 나눠서 외우는 그루핑 암기

법을 먼저 시도한다. 1, 2, 3, 5는 개인의 특성으로, 4, 6, 7, 8
은 단체의 특성으로 묶을 수 있겠다.

개인의 특성	단체의 특성
1. **이성적 존재:** 고도의 사고 능력을 활용하여 자신과 세계에 대해 끊임없이 사유하고 해석하는 존재	4. **도구적 존재:** 자신의 필요에 따라 다양한 유형, 무형의 도구를 만들어 사용하는 존재
2. **사회적 존재:** 사회 속에서 비로소 온전하게 성장하고 삶을 영위할 수 있는 존재	6. **문화적 존재:** 언어, 지식, 사상, 기술, 예술 등 인간 생활 양식의 총체인 문화를 창조하고 언어나 문자와 같은 상징 체계를 통하여 문화를 계승하는 존재
3. **정치적 존재:** 단순히 무리를 이루어 사는 것을 넘어 정치 활동을 하는 존재	7. **종교적 존재:** 유한한 세계를 넘어 초월적이고 무한한 것을 추구하는 존재
5. **유희적 존재:** 삶의 재미와 즐거움을 추구하는 존재	8. **윤리적 존재:** 보편적으로 타당한 선을 파악하는 능력과 자기 중심성을 벗어나 자신을 반성할 수 있는 능력을 지닌 존재

1차로 그루핑을 했다면 각 그룹 내에서 시간 순서대로 문장 새치기를 시작한다.

첫 번째 그룹은 5 → 2 → 1 → 3 순으로 바꾼다. 아주 어릴 때 즐거움만을 좇아 살다가(5) → 학교를 다니고 친구들과 어울리면서 사회적으로 성장하고(2) → 정신적으로 성숙해져서

고도의 사고 능력을 활용해 끊임없이 사유하는 존재가 되고 (1) → 성인이 되어서 정치에 참여할 수 있는 존재(3)가 된다. 이런 식으로 **한 사람의 성장주기**로 순서를 바꿔서 외우는 방법이다.

두 번째 그룹은 4 → 6 → 8 → 7 순으로 바꾼다. 구석기 혹은 신석기 시대에 여러 도구를 활용하던 인류가(4) → 예술과 언어, 사상 등으로 문화를 창조하였으며(6) → 여러 사상이 공존하는 가운데 보편적으로 타당한 선을 파악하는 윤리적 문제에 대해 고민하게 되었다(8) → 결국 인간 세계의 고민을 넘어 초월적이고 무한한 것에 대해 생각하는 종교적 존재에 대해서도 고민하기에 이른다(7). 이 그룹은 이렇게 **인간 단체의 시대에 따른 순서**로 바꿔 외운다.

한 가지 참고할 점이 있다. 두 번째 그룹을 외울 때 실제로 문화 창조가 먼저인지, 윤리적 사상의 대두가 먼저인지, 혹은 종교에 대한 고민이 먼저인지 따지지 않았다. 내가 사회탐구를 공부한 지 20년이 넘기도 했고, 배경지식이 따로 필요없이 즉흥적으로 문장들을 외우는 규칙을 보여주기 위함이었다. 즉 이 예시는 문장 간 시간의 전후 관계가 중요한 게 아니므로 본인이 외우기 편한대로 시간 순서를 재구성해 외워도 무방하다.

하지만 시간의 순서가 이미 정해져 있고 그 순서가 실제 시험에서도 중요하게 작용하는 내용이나 라벨링들은 임의로 순서를 바꾸면 안 된다는 점을 꼭 기억하자.

여기서 포인트는 문장에 직접적으로 시간대가 언급되어 있지 않더라도 잘 살펴보면 시간 순으로 배열할 수 있는 문장들이 생각보다 많다는 점이다.

공간에 따른 재배열

공간 차원에서도 문장의 순서를 재배열하여 외우는 것이 가능하다. 여기서 말하는 공간은 단순히 장소를 가리키는 게 아니라 핵심 키워드의 위치를 인식하고 그 위치의 이동에 따라 외우는 것을 말한다.

전문의 시험을 준비하면서 간 질환을 암시하는 징후에 대해 외워야 했는데 이때 나는 공간(위치)에 따라 재배열해서 외우는 방법을 사용했다.

각 징후가 나타나는 신체 부위별로 그룹을 짓고 첫 번째 그룹부터 순서대로 위(머리)에서 아래(발)로 내려가는 것을 상상하며 외웠다. 단순히 1부터 11까지 외우는 것보다 머리부터 발목까지 내려갔다가 피부 전반으로 퍼지는 식으로 신체의 이미지(공간)를 차례대로 떠올릴 수 있게 했다. 이런 방

간 질환을 암시하는 징후 →	공간에 따른 재배열
1. 성망상 혈관종[1]	**머리**
2. 황달[2]	2. 황달(공막)
3. 손바닥의 홍반성 변화	7. 이하선 비대
4. 발목부종	10. 사과즙 냄새의 호흡
5. 복수[3]	11. 잇몸 출혈
6. 반상출혈/점상출혈[4]	
7. 이하선 비대[5]	**손**
8. 손톱의 백색변화	3. 손바닥의 홍반성 변화
9. 손톱의 창백한 횡줄무늬	8. 손톱의 백색변화
10. 사과즙 냄새의 호흡	9. 손톱의 창백한 횡줄무늬
11. 잇몸 출혈	
	배
	5. 복수
	발목
	4. 발목부종
	피부 전반
	1. 성망상 혈관종
	6. 반상출혈/점상출혈

1 가느다란 붉은 선으로 둘러싸인 피부의 작은 선홍색 반점
2 공막, 눈의 흰자위가 노랗게 변하는 것
3 배가 부풀어 오르는 것
4 혈액이 피부 표면에 비치는 것
5 귀 앞의 침샘이 커져 얼굴이 부어 보이는 것

식으로 공간에 따라 새치기하듯 순서를 바꿔서 외우는 것도
익숙해지면 충분히 가능하다.

두문자를 활용한 재배열

두(頭)문자란 말 그대로 라벨링의 첫 글자를 따서 외우는 우
리에게 친근한 방식이다. 하지만 규칙 없이 무작정 두문자로
문장을 만들어 외울 경우 시험장에 가서 어떤 두문자가 어떤
개념에 해당하는 건지 굉장히 헷갈린다. 내가 지금 소개하는
두 가지 원칙을 적용해서 두문자 문장을 만들면 헷갈릴 일은
없을 것이라고 장담한다.

먼저 해당 주제의 대표 개념과 라벨링 두문자 사이에 반드
시 연결고리를 만들어 놓는다. 그다음 두문자 내에 스토리가
존재하게 만드는 것이다.

다음은 변리사 시험의 자연과학개론 과목 중 지구과학 파
트에서 외워야 할 내용이다.

키워드를 뽑아보면 순서대로 'H-R도', '과정', '구조', '속
도', '수명'이다. 여기서 주목해야 할 점은 대표 개념인 별의
질량에서도 '질량'이라는 키워드를 뽑은 점이다. 이 키워드
를 뽑지 않으면 어떤 두문자가 어디에 속하는지 헷갈리기 때
문이다. 또한 2에서 진화라는 키워드를 뽑지 않았다. 그 이유

별의 질량에 따라 달라지는 것들

1. 영년 주계열성일 때 H-R도[1] 상의 위치
2. 별의 진화 과정
3. 별의 내부 구조
4. 별의 진화 속도
5. 별의 수명

1 별들을 밝기와 온도에 따라 나누어 놓은 등급도

키워드 추출 →

별의 질량에 따라 달라지는 것들

1. 영년 주계열성일 때 H-R도 상의 위치
2. 별의 진화 과정
3. 별의 내부 구조
4. 별의 진화 속도
5. 별의 수명

는 4의 진화와 2의 진화가 겹치기 때문이다. 따라서 진화가 아닌 각각 다른 두 단어를 키워드로 뽑았다. 사실 두문자라고 했지만 적절한 조합을 만들 수만 있다면 꼭 첫 글자가 아니어도 된다.

이제 개념과의 연결성을 유지하면서 스토리가 존재하게끔 조합할 차례다. 질(대표 개념) - 과(2) - 수(5) - H(1) - 조(3) - 속(4)으로 두문자를 뽑았다. **질**리도록(대표 개념) - **과수**(2, 5) 원에서 실컷 서리를 하고 있었는데 - **에이치**(H, 1) 하고 갑자기 재채기가 나와서 들킬까 봐 - **조속**(3, 4)히 도망쳤다는 문장으로 만들었다.

본인이 과수원에서 서리를 하다가 재채기가 갑자기 나오고 들킬까 봐 도망가는 장면을 상상하면 강렬한 이미지가 뇌에 각인될 것이다. 개념과의 연결은 물론 스토리까지 모두 챙긴 셈이다.

만약 단순히 첫 글자만 따서 'H과구속수'으로 외운다면 장기 기억으로 넘기기 어렵다. 이런 식으로 만든 두문자 개념이 10개 이상이라면 나중에 뭐가 어떤 두문자였는지 헷갈릴 가능성이 높다.

대표 글자를 떠올렸을 때 자동으로 키워드가 떠오르고 내용까지 줄줄 이어서 생각나게 하는 게 이 방법의 원리이다. 즉, 대표 글자 → 키워드 → 문장 전체를 떠올리는 방식이다. 우리 뇌는 약간의 단서만 있으면 전체를 기억해내는 능력이 있는데 여기에 이미지화 또는 스토리화해서 그 기억을 한층 더 강화하는 방법이라고 할 수 있다.

지금까지 라벨링 순서를 새치기하듯 바꿔서 외우는 다섯 가지 방법론을 예시와 함께 살펴보았다. 반드시 여러 번 복습하여 자기 것으로 만들어서 활용하기를 바란다.

가장 좋은 건 이 다섯 가지 방법의 상호 조합 또는 그루핑과의 조합을 도모하는 것이다. 모든 라벨링을 한 가지 방법만으로 외우는 게 힘든 경우에는 여러 조합을 활용하는 것을 추천한다. 그루핑할 수 있는 부분은 먼저 그루핑을 한 뒤 그룹 내에서 순서를 바꿔서 외운다. 이 예시는 시간 순서에 따른 재배열과 공간에 따른 재배열에서 이미 설명했다.

무엇보다 이는 그루핑 암기법을 이해한 상태에서 쓸 수 있는 방법이니 반드시 그루핑 암기법을 마스터한 뒤에 새치기 암기법을 활용하길 추천한다. 이 두 가지 암기법만 익숙하게 사용할 수 있다면 웬만한 내용도 어렵지 않게 암기할 수 있다.

키워드 암기법

키워드가 무엇이길래 다들 그렇게 강조하는 걸까?

공부와 관련된 수많은 콘텐츠에서 유독 공통적으로 등장하는 단어가 있다. 바로 '키워드(Keyword)'다. 키워드를 빼고는 공부법을 논할 수 없다. 모든 시험은 키워드에서 시작해서 키워드로 끝난다 해도 과언이 아닐 정도로 시험에서 키워드가 갖는 의미는 대단히 크다. 여기에서는 키워드가 갖는 의미와 키워드를 어떤 식으로 활용할지, 그리고 키워드를 어떻게 뽑아내는지 등 키워드의 모든 것을 알아보도록 하겠다.

키워드는 '주된 사상과 주제를 나타내는 핵심어'다. 어떤 개

념을 표현하는 데 있어 가장 중요한 단어라는 뜻이다. 공부의
관점에서 재정의한다면 한 문장을 외우는 데 있어 그 **문장의
의미를 전달할 수 있는 최소한의 구성 요소**라고 할 수 있겠다.

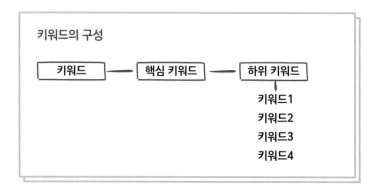

보통 키워드는 특정 주제의 대표적인 개념을 지칭하는 '핵
심 키워드'와 그 핵심 키워드를 구성하는 '하위 키워드'로 이
루어져 있다. 하지만 이 관계도 상대적이라 어떤 개념에서 핵
심 키워드를 차지했던 단어가 다른 개념에서는 하위 키워드
가 될 수도 있다.

키워드가 갖는 중요성은 시험과 공부의 관점에서 나눠서
살펴볼 수 있다. 먼저 시험의 관점에서 살펴보자. 대부분의
서술형 시험은 책에 나온 키워드 위주로 채점이 들어간다. 서
술형 시험에도 객관적인 기준이 필요하기 때문이다. 답안지

에 들어가야 할 키워드가 몇 개 들어갔느냐에 따라 점수가 매겨지는 것이다.

객관식 시험도 마찬가지다. 구성 키워드 자체를 묻는 문제나 제시문을 통해 핵심 키워드를 유추하고 그 핵심 키워드를 구성하는 키워드들에 대한 설명으로 옳고 그름을 판단하는 문제들이 기본이다. 키워드 간에 적절히 연결되었는지를 확인한다.

이제 모든 시험은 키워드를 중심으로 돌아간다는 말이 좀 이해됐는가? 다음은 객관식 시험에서 키워드가 어떤 역할을 하고 있는지를 보여주는 예시다.

Q. 제시문과 관련된 것은?	Q. 설명에서 옳은 것을 모두 고른 것은?	Q. 다음에서 옳은 문장은?
(제시문) 개념 A에 대한 내용	(설명) ㄱ 개념 A, 키워드 B ㄴ 개념 B, 키워드 D ㄷ 개념 B, 키워드 C ㄹ 개념 A, 키워드 E	❶ 개념 A - 키워드 B ❷ 개념 A - 키워드 C ❸ 개념 B - 키워드 A ❹ 개념 B - 키워드 C
❶ 키워드 B ❷ 키워드 C ❸ 키워드 D ❹ 키워드 E	❶ ㄱ, ㄴ, ㄷ ❷ ㄱ, ㄴ ❸ ㄱ, ㄷ, ㄹ ❹ ㄴ, ㄹ	

이번엔 공부 관점에서 살펴보겠다. 공부는 지식을 머릿속에 넣는 인풋(Input)과 머릿속에 넣은 지식을 다시 꺼내보는

아웃풋(Output)으로 나눌 수 있는데 그 중심에는 반드시 키워드가 있다.

인풋 관점에서 '책 한 권을 머릿속에 넣는다'의 진정한 의미는 책에 나와 있는 모든 단어와 조사를 통째로 머릿속에 넣는 것이 아니다. 이런 암기는 불가능하다. 암기를 한다는 건 사실 책을 구성하는 목차가 머릿속에 있고 그중에서 시험에 나올 만한 개념과 그걸 구성하는 키워드들을 숙지하고 있다는 뜻이다.

아웃풋을 진행할 때도 마찬가지다. 개념을 설명하는 문장을 곧바로 꺼내는 게 아니라 그 개념을 구성하는 키워드들을 먼저 꺼낸다. 그 키워드들로 말이 되게끔 문장을 재구성하는 방식이 아웃풋의 기본 메커니즘이다. 인간의 뇌는 어떤 정보를 한번에 꺼내는 것보다 어떤 단서를 기반으로 차례차례 인출하는 데 더 적합한 성향을 가졌기 때문이다.

공부에 제대로 활용하기

그렇다면 공부할 때 키워드를 어떤 식으로 활용하는 게 좋을까? 인풋 활용법과 아웃풋 활용법이 있다. 인풋 활용법은 객관식 시험에서 유용하다. 우선 책에서 키워드라고 생각되는 부분에 표시한다. 그다음에 포스트잇이나 책 여백에 핵심 키워드를 구조화해서 적고, 그 아래에 하위 키워드들을 적는 방식이다. 이렇게 하면 긴 글의 내용이 키워드로 한눈에 들어온다. 이 작업은 복습할 때 시간이 덜 걸리게 해주기 때문에 꽤 중요하다.

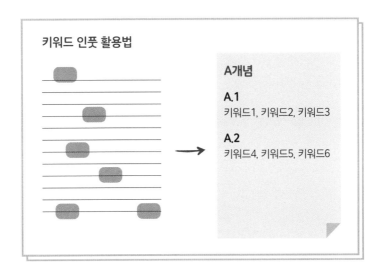

아웃풋 활용법은 두 가지로 나눌 수 있다. 첫 번째는 단서를 어느 정도 제시한 상태에서 키워드를 꺼내는 방식이다. 포스트잇, A4 용지 또는 워드 파일에 제목과 그것을 구성하는 핵심 키워드만 적는다. 그리고 나서 핵심 키워드를 보고 나머지 내용을 작성해 보는 것이다. 객관식 위주의 시험 혹은 서술형 과목이라도 아직 완전히 모든 내용을 외우지 않은 상태에서 쓸 수 있는 방법이다.

두 번째 방법은 목차만 써 놓거나 아예 목차마저 쓰지 않고 빈 종이나 빈 워드 파일에 세부 제목부터 하위 키워드까지 모조리 써 내려가는 방식이다. 말 그대로 책 한 권이 머릿속에 들어 있나 확인하는 방법이다.

첫 번째 방식은 시간을 절약할 수 있다는 장점이 있고 두 번째 방식은 서술형 시험에 더 적합하다는 장점이 있다. 그래서 두 번째 키워드 암기법은 많은 정보를 외운 뒤 그대로 꺼내야 하는 서술형 시험을 준비하는 사람들에게 추천한다.

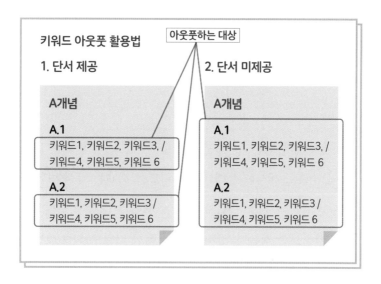

단계별 키워드 뽑는 법

키워드의 중요성과 활용법까지 숙지했으니 이제 구체적으로 키워드를 어떻게 뽑는지에 대해 알아보자. 키워드를 뽑는 메커니즘은 다음과 같은 순서를 따르면 된다.

키워드를 뽑는 순서

1. 주제 인지 → 2. 끊어 가면서 문장 나누기 → 3. 키워드 추출하기 →
4. 키워드 개수 세기 → 5. 키워드 가공 또는 재정렬하기 → 6. 암기하기
→ 7. 아웃풋

1단계: 주제 인지

키워드 뽑는 데 혈안이 돼서 지금 내가 어떤 파트의 어느 부분을 보고 있는지, 주제가 어떤 건지를 망각하고 키워드 작업에 들어가는 경우가 생각보다 많다. 반드시 지금 내가 어느 부분을 보고 있는지 인식하는 게 먼저다. 그다음 내가 뽑은 키워드들이 주위의 개념들과 유기적으로 이어질 수 있도록 해야 한다. 언제나 큰 그림 내에서 디테일을 확장해 나간다는 생각으로 접근하자.

2단계: 끊어 가면서 문장 나누기

딱 봤을 때 이해가 잘 되는 문장이라면 이 과정을 생략해도 되지만 분명 바로 의미가 와닿지 않는 문장들이 있을 것이다. 이때는 영어 과목을 공부하며 직독직해하듯이 의미 단위로 문장을 쪼개 이해하기 쉽게 만든 후 접근한다.

3단계: 키워드 추출하기

문장을 쭉 읽어나가면서 외울 키워드들을 추출한다. 어떤 단어를 키워드로 정해야 하는지에 관해서는 뒤에서 자세하게 설명하겠다.

4단계: 키워드 개수 세기

키워드를 다 정했으면 키워드의 개수를 센다. 이 과정 자체가 암기에도 도움이 되고 나중에 아웃풋 과정에서 몇 개를 못 썼는지 확인할 때도 유용하다. 각 키워드에 번호를 붙이는 것도 좋은 방법이다.

5단계: 키워드 가공 또는 재정렬하기

앞에서 다룬 그루핑 암기법이나 새치기 암기법, 뒤에서 다룰 프레임 암기법, 기억의 궁전 암기법 등 여러 암기법을 활용해 키워드를 외우기 쉽도록 가공하거나 재정렬한다.

6단계: 암기하기

각 키워드들을 외운다. 1~5단계를 제대로 거쳤다면 별 어려움 없이 외울 수 있다.

7단계: 아웃풋

암기의 완성은 다시 꺼내보는 것, 아웃풋이다. 이때 암기한 걸 타이핑해 보는 걸 가장 추천하지만 머릿속으로 떠올리거나, 말로 꺼내보거나, 펜으로 써보는 등 본인에게 가장 잘 맞는 방법으로 진행하면 된다. 아웃풋했을 때 적절치 못한 키워드는 수정하고 미진하게 외운 부분은 다시 확실하게 외우자.

키워드 정교하게 뽑는 법

키워드를 더 정교하게 뽑는 첫 번째 방법은 **조사 및 겹치는 단어 빼기**다. 주어진 시간 내 공부 효율을 올리기 위해서는 외울 것을 최대한 줄이는 게 포인트인데 당연히 가장 빼기도 쉽고 눈에도 잘 보이는 건 모든 단어의 조사와 주제 개념과 겹치는 단어다. 가령 A개념을 구성하는 하부 개념이 B, C, D, E일 때 각각 이를 설명하는 단어들에 A라는 키워드가 포함되어 있으면 이 A라는 단어는 빼는 것이다.

두 번째 방법은 **키워드 선별하기**다. 한 문단을 외운다고 했을 때 어떤 단어를 외울지 결정하는 기준은 기출 분석이다. 여러 해 기출에서 계속 언급되는 키워드는 외우고, 언급이 안 되는 키워드는 과감히 버려라. 이때 기출 분석이 안 된 상태라면 수업 내용을 기준으로 삼거나 본인이 판단하기에 정말 안 나올 것 같은 키워드는 제외한다.

세 번째 방법은 **키워드의 크기 정하기**다. 키워드를 뽑다 보면 연속적으로 두 단어 이상 나오는 경우가 많다. 예를 들어 보통 명사가 2개 이상 연속되거나 'A의 B', '증가하는 C' 같은 동사나 형용사, 부사가 연속으로 나와 한 단어가 수식을 받는 경우다.

이때 둘 중에 한 단어만 택해 하나의 키워드로 외울지, 두 단어를 모두 키워드로 외울지 고민이 된다. 본인이 키워드로 정한 걸 꺼냈을 때 나머지 단어가 떠오를 것 같다면 그 키워드 하나만 가져가고, 나머지 단어가 기억이 안 날 것 같으면 둘 다 키워드로 가져가야 한다. 아웃풋을 해봤을 때 안 꺼내진 단어가 있다면 그 단어도 포함한 키워드로 수정해야 한다.

키워드 뽑기 실전 훈련으로 암기 효율을 높인다

이제 본격적으로 키워드 뽑는 훈련을 해보자. 다음은 고등학교 통합사회 교과서 중 동양의 행복론에 대한 내용이다. 앞에서 소개한 일곱 단계를 그대로 적용하면 된다.

행복의 의미와 기준

1. 행복의 다양한 기준
2. 동서양의 행복론
   1) 동양의 행복론
   2) 서양의 행복론
3. 삶의 목적으로서의 행복

1단계로 목차에서 동양의 행복론과 서양의 행복론이 병렬 구조를 이루고 있는 것을 확인하고 지금은 '동양의 행복론' 파트를 외운다는 걸 인지하고 시작한다.

2단계로 넘어가 문장을 끊어 가면서 뜻을 명확히 한다. 문장을 의미에 따라 나누면 더 눈에 쉽게 들어오는 것을 알 수 있다. 스스로 이해 가능한 단위로 슬래시를 그어 문장을 끊는 작업을 한다.

동양의 행복론 동양 사상에는 행복에 대한 직접적인 언급이 많지 않다. 그러나 동양 사상은 몸과 마음을 바르게 하는 수양을 통해 인간 본성을 실현하는 것을 이상적인 삶으로 강조한다는 점에서 결국 행복에 이르는 길을 모색한다고 볼 수 있다. **1**

> **유교** 하늘로부터 부여받은 도덕적 본성을 보존하고 함양하면서 다른 사람과 더불어 살아가며 인(仁)을 실현하는 것을 행복이라고 보았다.

> **불교** 청정한 *불성(佛性)을 바탕으로 '나'라는 의식을 벗어 버리기 위한 수행과 고통받는 중생을 구제하는 실천을 통해 해탈의 경지에 이르는 것을 행복이라고 보았다.

> **도교** 타고난 그대로의 본성에 따라 인위적인 것이 더해지지 않은 자연 그대로의 모습으로 살아가는 것을 행복이라고 보았다.

3단계로 키워드를 정한다. 동양의 행복론에 대한 개괄적인 설명과 유교, 불교, 도교까지 크게 네 파트로 나눠서 키워드를 뽑으면 된다. 가장 먼저 고려해야 할 것은 네 파트에서 겹치는 단어를 찾는 것이다. 여기서는 '동양의 행복론'이 가장 핵심 키워드이기 때문에 나머지 문장에서 '동양'과 '행복'을 키워드로 뽑을 필요는 없다. 겹치는 단어들은 제외함으로써 외워야 할 키워드의 양을 확 줄이는 것이다.

동양의 행복론 ~~동양 사상~~에는 ~~행복~~에 대한 직접적인 언급이 많지 않다. 그러나 ~~동양 사상~~은 몸과 마음을 바르게 하는 수양을 통해 인간 본성을 실현하는 것을 이상적인 삶으로 강조한다는 점에서 결국 ~~행복~~에 이르는 길을 모색한다고 볼 수 있다. **1**

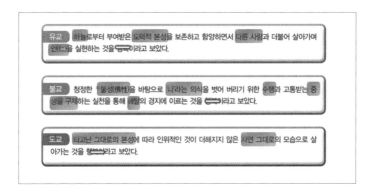

다음으로 키워드의 후보가 될 수 있는 단어들을 꺼낸다. 여러 해의 기출을 분석해 봤을 때 동양 사상에는 행복에 대한 '직접적인 언급이 많지 않다'는 내용이 전혀 나오지 않는다면 '직접적인 언급'은 키워드로 포함할 필요가 없다.

추출한 키워드
동양의 행복론 개괄적인 설명 : 수양, 인간 본성
유교 : 하늘, 도덕적 본성, 다른 사람, 인
불교 : 불성, 나라는 의식, 수행, 중생을 구제, 해탈
도교 : 타고난 그대로의 본성, 자연 그대로

4단계는 추출한 키워드의 크기를 정한다. 유교의 '다른 사람과 더불어 살아가며'를 봤을 때 '사람'만으로 이 내용을 떠올릴 수 있다면 '사람'을 키워드로 한다. '다른 사람'만으로

이 내용을 떠올릴 수 있다면 '다른 사람'으로, '다른 사람과 더불어'까지 봐야 이 모든 내용을 떠올릴 수 있으면 '다른 사람과 더불어'까지를 키워드로 정하면 된다. 나는 '다른 사람'까지 봤을 때 이 내용을 떠올릴 수 있었으므로 '다른 사람'을 키워드로 뽑았다.

사람마다 기억을 떠올릴 수 있는 능력의 차이가 존재하므로 키워드의 크기도 달라진다. 다른 키워드들도 이런 식으로 뜻을 떠올릴 수 있는 최소한의 단어를 키워드로 정한다. 그다음으로 키워드의 개수를 센다. 개괄적인 설명은 2개, 유교는 4개, 불교는 4개, 도교는 2개다.

5단계로 키워드를 외우기 쉽게 가공 또는 재정렬한다. 개괄적인 설명에서는 인간 본성, 유교에서는 도덕적 본성, 도교에서는 타고난 그대로의 본성에 대해 말하고 있다. 본성에 대해 언급한 3개를 그루핑하고(개괄적 설명, 유교, 도교 / 불교) 유교는 하늘로부터 부여받은 본성, 도교는 타고난 그대로의 본성, 개괄적 설명에서는 인간 본성이라는 차이점을 기준으로 외우면 더 명확하게 외울 수 있다.

6단계로 추출하고 가공한 키워드를 모두 외우고 7단계로 넘어가 아웃풋을 한다. 아웃풋할 때는 외운 키워드들을 먼저 꺼내고 이를 바탕으로 남은 문장을 완성시킨다. 이때 재구성한 문장이 말이 되는지, 빠뜨린 키워드는 없는지, 키워드 수정이 필요하지는 않은지, 불필요한 키워드는 없는지 등을 검토하며 마무리한다.

그리고 최종 키워드를 책에 직접 형광펜으로 표시하거나 포스트잇에 적는다. 최종 키워드를 확정짓기 전에는 샤프로 적어가며 수정할 수 있게 해두는 편이 좋다.

예시로 든 동양의 행복론에 대한 내용은 사실 키워드를 추출하지 않고 반복적으로 읽기만 해도 외울 수 있는 수준이다. 하지만 이보다 훨씬 방대하고 복잡한 이론이라면 키워드 추출 없이 외우는 건 사실상 불가능하다.

쉬운 내용부터 키워드를 추출해 외우는 습관을 들이길 바란다. 이 키워드 암기법으로 모든 과목에 접근한다면 필요한 것 위주로 빠르고 명확하게 암기해 공부의 효율이 훨씬 향상되고 있음을 분명히 느끼게 될 것이다.

프레임 암기법

사진 찍듯 암기를 하고 싶다면

카메라로 사진을 찍듯 통째로 암기하고 싶다는 생각을 한 적이 있는가? 모든 글자를 사진 찍듯이 외우기는 힘들지만 그 내용을 사진(이미지)으로 변환하여 외울 수 있는 방법이 있다.

사람이 정보를 저장하고 기억하는 방식은 좌뇌를 사용하는 방식과 우뇌를 사용하는 방식으로 나뉜다. 좌뇌는 글자, 숫자와 연관성이 높아 언어 및 계산에 주로 관여하고 우뇌는 감성, 느낌, 영상 등 이미지를 보고 받아들이는 방식과 관련되어 있다.

좌뇌를 활용하는 것이 암기에 더 유리할 것 같지만 실제로 뇌과학 연구에서는 우뇌를 이용한 암기가 훨씬 효과적이라는 결과를 내놓고 있다. 기억의 용량과 처리 속도에 있어 우뇌와 좌뇌 사이에 차이가 발생하기 때문이다. 결국 우뇌를 통한 암기, 즉 이미지를 통한 암기가 장기 기억화에 더 좋다는 말이다. 이 뇌과학적 근거에 기반한 암기법을 소개한다.

이름은 '프레임 암기법'이다. 글로 되어 있는 정보를 하나의 프레임으로 변환하고 그 이미지를 외워 우뇌를 자극하는 암기법이다. 많은 정보를 외우고 그대로 꺼내야 하는 서술형 시험에 특히나 효과적인 방법이다.

핵심은 결국 개념들의 관계다

프레임 암기법은 어떤 개념과 이를 구성하는 라벨링(또는 핵심 키워드)을 하나의 프레임으로 옮겨서 외우는 방식이다. 프레임을 구성하는 요소는 영화나 드라마의 한 장면을 구성하는 요소를 떠올려 보면 쉽게 알 수 있다. 시간과 장소, 등장인물, 그리고 특정 물건 등이 있다.

프레임 암기법은 구성 요소를 키워드에 맞게 만든 뒤 내가

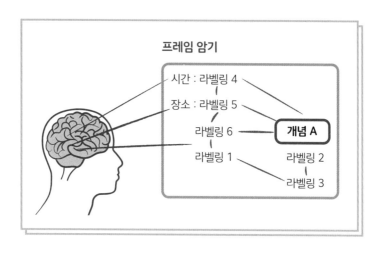

외우고자 하는 키워드들을 매칭시키는 것이다. 이렇게 매칭시키면 외운 걸 다시 떠올리려고 할 때 '내가 이 개념에서 매칭시켰던 프레임은 이거였지. 이 프레임의 시간대는 이랬으니까 그 개념을 구성하는 키워드는 이거였지.' 하고 떠올릴 수 있다.

최적화된 프레임 구성 방법

프레임을 구성할 때 세 가지 원칙을 지키면 더 최적화된 프레임 구성이 가능해진다.

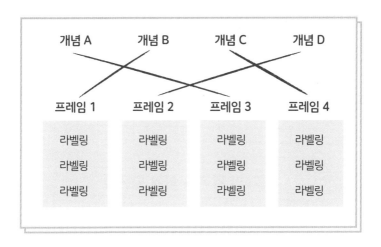

첫째, **연결할 수 있는 건 반드시 연결한다.** 여기서 연결이
란 기존에 내가 갖고 있는 지식과 새롭게 기억해야 할 내용
을 매칭시키는 것을 의미한다.

둘째, 핵심 개념과 이를 구성하는 라벨링으로 프레임을 만
들 때 **핵심 개념도 반드시 프레임 안에 넣는다.** 라벨링으로
만 프레임을 구성하면 여러 개의 프레임을 만들었을 때 어
떤 프레임이 어떤 개념에 해당하는 건지 헷갈릴 수 있기 때
문이다.

셋째, **그림은 최대한 대충 그린다.** 우리의 목표는 '암기'임
을 잊지 말자. 암기의 핵심은 속도와 정확성이다. 정성을 들
여 그림을 그리느라 시간을 쓰면 속도를 챙길 수가 없다. 뭐

가 뭔지 알아볼 정도로만 빠르게 그리자. 이 방법이 익숙해지면 그리지 않고도 머릿속에서 프레임을 떠올리고 구성 요소들을 외운 뒤 넘어가는 방법도 가능해진다.

프레임 암기의 실제 활용법

다음 예시는 대학교 1학년 일반생물학 과목 주교재로 쓰이는 『CAMPBELL』 생명과학 호르몬 파트에서 외워야 할 라벨링이다. 수능 생물이나 MEET, DEET에서도 빈출되는 내용인데 프레임 암기법을 통해 외워보자.

이 파트의 핵심 개념은 '뇌하수체 전엽'이다. 통째로 외우기에는 양이 많기에 한 번 더 간략하게 재료를 뽑아냈다. 뇌하수체 전엽은 '체전', 성장호르몬은 '성장', 프로락틴은 '프로', 여포자극호르몬은 '여자', 황체형성호르몬은 '체형', 갑상선자극호르몬은 '갑자', 부신피질자극호르몬은 '부피'로 뽑았다.

뇌하수체 전엽에서 분비되는 호르몬		뇌하수체 전엽에서 분비되는 호르몬
1. 성장호르몬		1. 성장호르몬
2. 프로락틴		2. 프로락틴
3. 여포자극호르몬	→	3. 여포자극호르몬
4. 황체형성호르몬		4. 황체형성호르몬
5. 갑상선자극호르몬		5. 갑상선자극호르몬
6. 부신피질자극호르몬		6. 부신피질자극호르몬

이렇게 외울 재료를 만들었다면 이걸 프레임 안에 모두 때려 박아 한꺼번에 외운다. 먼저 시간과 장소에 매칭시킬 수 있는 재료가 있는지 살핀다. 굳이 없으면 매칭시키지 않아도 되지만 시간과 장소에 라벨링을 1~2개라도 매칭시켜 놓으면 나머지 외울 라벨링들이 줄어들기 때문에 부담이 적어진다. 또한 시간과 장소가 강력한 징검다리 역할을 하기 때문에 해당 라벨링을 꺼내는 데 수월해진다.

나는 여기서 '체전'이 눈에 보인다. 체전하면 전국**체전**이 생각나고 자연스럽게 경기장이 생각나니 경기장 바닥을 프레임 아래쪽에 그린다. 시간에 매칭시킬 라벨링도 2개 보이는데, '성장'과 '갑자'다. **갑자**(기) **성장**하는 스토리로 시간에 매칭시킬 수 있다. 남은 부분은 프로, 여자, 체형, 부피인데, 재미있는 장면을 하나 그릴 수 있을 것 같다.

전국체전이 열려서 역도 **여자 프로**를 지망하는 선수들이 열심히 연습해 **갑자기 성장**해 **체형**이 변하고 몸의 **부피**가 커지는 장면이다. 앞에서 뽑아낸 재료를 활용하여 이 프레임을 완성했다. 이 그림을 그리는 데 오래 걸릴 것 같지만 실제로는 20초 내외로 걸렸다. 그림 설명은 이해를 돕기 위해 쓴 것이지 실제 프레임을 만들 때는 굳이 글자까지 쓸 필요는 없다.

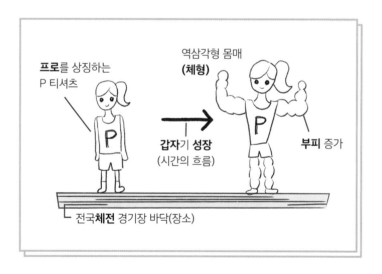

다음으로는 프레임을 보며 내가 제대로 외웠는지 아웃풋해 본다. 외워지지 않은 부분이 있으면 이론서로 돌아와 외우고 다시 프레임으로 아웃풋하는 과정을 반복한다. 이 과정 속에서 진정한 암기가 이뤄진다. 여기까지 됐다면 눈을 감고 프레임을 머릿속에 그려보고 구성 요소대로 라벨링을 뽑아낸다.

이 방법이 익숙해지면 한 번만 그림을 그려도 바로 머릿속에서 그린 장면을 떠올리면서 라벨링을 줄줄 꺼내는 게 가능해진다. 앞선 예시처럼 재료를 등장인물 자체에 활용할 수도 있지만 어떤 현상을 설명하는 형용사, 행동을 나타내는 동사로도 활용이 가능하다는 점을 참고하자.

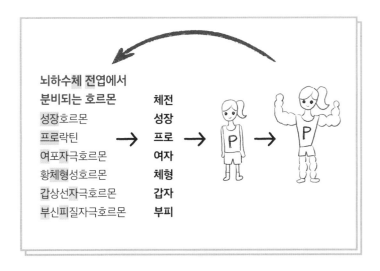

이 암기법은 그루핑이나 새치기 등 여러 암기법과 조합하면 더 강력하게 활용할 수 있다. 여기에서는 간단히 라벨링만 프레임으로 넣었지만 익숙해지면 문장 자체에서도 키워드를 뽑아서 프레임을 만드는 게 가능하다.

나는 이 프레임 암기법을 활용하여 사진을 한 장씩 찍어 앨범을 만든다는 느낌으로 수많은 라벨링들을 쉽게 외울 수 있었다. 익숙해질수록 프레임을 만드는 속도는 배로 올라간다. 여러분도 본인 시험에 여러 번 적용하고 연습해서 프레임을 능수능란하게 만들 수 있는 경지에 이르길 바란다.

접착제 암기법

암기의 근간은 '연결'이다

암기를 할 때는 보통 두 가지 방식 중 하나를 택한다. 첫째는 익숙해질 때까지 반복해서 보는 방법이고, 둘째는 특정 암기 기술을 활용하여 한번에 외우는 방법이다. 후자를 사용한다고 했을 때 여러 암기 기술의 근간이 되는 원리가 있는데, 바로 '연결'이다.

예를 들어 적절한 그룹으로 나눠 암기하는 그루핑 암기법을 사용할 때 그룹 사이에 연결고리가 보이지 않으면 각 그룹을 따로 외워야 한다. 하지만 그룹끼리 연결시킬 수 있다면 하나의 거대한 덩어리로써 더 확실하게 암기할 수 있다. 나는 이 연결고리를 '접착제'라고 이름 붙였다. 끈끈한 접착제를 활용하는 암기법을 지금부터 소개한다.

그루핑 암기법 **A개념**

3. _____
6. _____
4. _____

7. _____
1. _____

5. _____
2. _____

접착제 암기법

A개념

3. _____
6. _____
4. _____

핵심 키워드1

7. _____
1. _____

핵심 키워드2

5. _____
2. _____

핵심 키워드3

연결

연결

그루핑 암기법으로 만들어진 각 그룹 안의 라벨링에는 핵심 키워드가 존재한다. 이때 각 그룹 내 키워드끼리 연결시키는 것이 바로 접착제 암기법의 기본 원리이다.

이 연결 과정은 어떤 의미가 있을까? 이미 각 그룹 내 라벨링들은 서로 연관이 있기 때문에 쉽게 외울 수 있다. 하지만 여기에 다른 그룹의 라벨링과도 연결고리를 만들 수 있다면 모든 라벨링을 완벽하게 통째로 외우는 게 가능해진다. 꼭 라벨링 내의 키워드끼리가 아니더라도 각 그룹에서 대표적인 핵심 키워드를 하나씩 정해 연결시키는 것도 가능하다. 이 암기법은 접착제처럼 연결해 놓은 내용이 장기 기억으로 전환되는 걸 돕기 때문에 많은 양의 정보를 장기간 기억해야 하는 공시생에게 추천한다.

접착제 암기법 활용법

키워드끼리 어떻게 접착제처럼 붙일 수 있을지 활용법을 알아보자. 두 가지 방법이 존재한다. 첫 번째 방법은 2개 키워드를 하나로 합치는 방식이다.

다음은 2009년도 행정고시 기출문제 및 해답이다.

문) 국가 채무의 효율적 관리 방안에 대하여 설명하라.

국가 채무 관리의 근본적 방안은 무엇보다도 재정건전성 회복을 하는 것이다. 또한 효율적인 관리 방안은 OECD의 다른 국가의 사례에서 보듯 재정 관련 법 체계 및 관리 조직 정비 등의 다양한 제도를 개선하는 것이다. 이를 구체적으로 살펴보면 다음과 같다.

1. 국가 채무의 연차별 목표를 설정하여 철저히 관리하고 중앙정부 및 지방자치단체의 연차별 목표 달성 여부를 평가하여 국민들에게 공표한다.

2. 예산 낭비 사례 근절을 위한 시민 예산 감시 활동이 강화되어야 하고 공기업의 경영혁신이 이루어져야 한다.

3. 정부가 채무 보증한 금융 구조조정 지원 공적 자금을 최대한 회수하여 향후 국민 조세 부담이 늘어나지 않도록 철저히 관리할 필요가 있다.

4. 대규모 자연재해 또는 심각한 대내외 여건 변화 등 불가피한 경우를 제외하고는 추경[1]편성을 제한한다.

5. 정부 지출의 상한선을 설정함으로써 재정 규율을 확립한다.

1 본 예산과는 별도로 예산이 성립한 이후에 생긴 부득이한 사유로 인해 이미 성립된 예산에 변경을 가하는 예산.

총 5개의 각 라벨링을 읽고 공통된 키워드가 있거나 의미가 비슷한 라벨링끼리 그루핑한다. 먼저 1과 3에는 '국민'이라는 키워드를 공통으로 묶는다. 2, 4, 5는 예산 및 지출의 낭비 등을 '제한'한다는 공통된 의미로 묶을 수 있다. 이렇게 두 그룹으로 나눠서 외워도 그냥 외우는 것보다는 훨씬 쉽게 암기할 수 있지만 두 그룹 사이의 연관이 없기 때문에 결국 두 그룹을 따로 외워야 한다.

이럴 때 각 그룹을 접착제처럼 붙여 한꺼번에 외우면 쉽고 오랫동안 기억할 수 있다. 먼저 국민이라는 키워드와 제한한다는 의미를 합친다. 국민을 의미하는 사람에 제한하고 금지한다는 의미의 알파벳 X를 합쳐 의인화된 엑스 알파벳을 만들었다.

의인화한 모습에서 '국민'이라는 키워드를 떠올리고, 엑스 모양에서 '제한'하고 금지한다는 의미를 떠올린다. 그다음 국민이라는 키워드에서 다시 1과 3의 라벨링을 떠올리고, 제 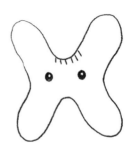 한하고 금지한다는 의미에서 2, 4, 5를 떠올리는 것이다. 시험에서 국가 채무의 효율적 관리 방안을 작성하라고 했을 때 이 의인화한 엑스를 떠올리면서 암기한 것을 하나씩 풀어가면 된다.

두 번째 방법은 키워드 A를 주체, 키워드 B를 객체로 정한 뒤 A가 B에게 영향력을 행사하는 장면을 만드는 것이다. 위의 예시로 다시 설명하겠다. 국민을 의미하는 키워드 A가 예산이 새어나가는 것을 금지(B)하는 장면을 상상해 보자.

그림으로 표현하면 이렇다. 앞과 마찬가지 방식으로 사람을 보면서 '국민'이라는 키워드를 떠올리고, 돈주머니를 감싸안고 있는 것을 보면서 예산 지출의 낭비를 '제한'한다는 의미를 떠올릴 수 있다.

이렇게 각각 다른 그룹의 키워드를 연결해 두면 하나의 그룹을 까먹었다고 해도 기억하고 있는 다른 그룹이 단서가 되어 나머지 그룹의 키워드들까지 떠올릴 수 있다.

연관이 없는 여러 개의 정보를 접착제처럼 붙여 같이 외우고자 한다면 위의 두 가지 방법만 기억하자. 첫째는 합체, 둘째는 주체와 객체. 실제 암기에 적용한다면 속도와 정확성이 전보다 훨씬 향상됨을 느낄 것이다.

암기 접착제를 더 강력하게 만드는 방법

그렇다면 이 접착제를 더 끈끈하고 강력하게 만들 수 있는 방법에는 어떤 게 있을까?

첫째, 장면을 단순히 상상하는 것에서 끝내지 말고 **직접**

그려보는 것이다. 상상만 하는 것과 직접 손으로 그리고 눈으로 시각화하여 보는 것에는 암기력에 있어 차이가 날 수밖에 없다. 다만 모든 라벨링에 대해 시행할 필요는 없고 잘 외워지지 않는 개념들에 한해서만 그리는 걸 추천한다.

둘째, 기억에 관여하는 **해마의 기능을 극대화한다.** 단기 기억을 장기 기억으로 보내기 위해 해마 근처에 있는 편도체를 함께 자극하는 것이다. 편도체는 감정과 감각을 느끼는 것과 관련되어 있다. 따라서 암기할 때 감정과 감각을 첨가하면 암기력이 향상된다. 돈주머니를 감싸안고 있는 사람을 그린 뒤에 내가 실제로 돈이 든 주머니를 감싸안는다고 생각하고 그 주머니의 감촉이나 들어 있는 동전의 딱딱한 감촉까지도 상상하며 외운다면 머릿속에 더 잘 각인될 것이다.

셋째, **자투리 시간을 활용해 아웃풋을 한다.** 접착제 암기법을 활용해 탄생한 그림들을 A4 용지에 따로 모아서 시간이 날 때마다 꺼내보도록 하자. 그림을 볼 때마다 각 그림이 의미하는 게 무엇인지, 각 그림으로부터 다시 그룹들의 구성 요소들을 상기하고 라벨링들을 떠올리는 과정을 틈날 때마다 반복하는 것이다. 대표 키워드의 조합으로만 이루어진 그림이기 때문에 차지하는 공간도 크지 않고, 함축적이기에 보는 데 시간이 그리 오래 걸리지도 않는다.

넷째, **그루핑 암기법과 새치기 암기법을 먼저 마스터하자.**
대표 키워드들을 외웠다고 하더라도 정작 세분화하여 그룹 내 다른 키워드들을 꺼내지 못한다면 아무 의미가 없다. 따라서 미리 정교한 그루핑과 라벨링 순서를 바꾸는 새치기 작업을 잘해두는 것이 중요하다.

암기 접착제를 더 강력하게 만드는 네 가지 방법

1. 상상한 것을 직접 그려보기.
2. 해마의 기능 극대화하기.
3. 자투리 시간을 활용해 아웃풋 훈련하기.
4. 그루핑 암기법과 새치기 암기법 마스터하기.

기억의 궁전 암기법

암기 천재들이 사용하는 암기법

종종 세기의 암기 천재들이 수백 개의 단어를 순식간에 외우는 것을 볼 수 있다. 처음에는 타고난 머리가 좋다고 생각했지만 그들의 상당수가 '기억의 궁전 암기법'을 사용한다는 사실을 알 수 있었다. 천재들도 사용한다는 강력한 암기법을 우리가 활용하지 않을 이유가 없다. 먼저 '기억의 궁전'에 대해 알아보고, 실질적인 활용법도 연습해 보자.

암기법에 관심 있는 사람이라면 기억의 궁전에 대해 한번쯤은 들어봤을 것이다. '기억의 방'이라고도 불리는 이 암기법은 자신이 익숙한 장소에 외워야 할 키워드를 하나씩 배정해서 외우는 방식을 말한다.

무슨 원리로 이 방법이 효과적이라 말할 수 있는 걸까? 앞에서 말했듯 여러 암기 기술의 근간이 되는 원리는 '연결'이다. 내가 알고 있는 배경지식과 새로운 지식을 연결할 수 있으면 그 배경지식을 근거로 삼아 새로운 지식을 꺼낼 수 있는 것이다.

즉, 기억의 궁전의 각 장소를 배경지식 삼아 그 근거로 외운 내용을 꺼내는 방법이다. 이 방법은 특정 순서에 따라 외워야 할 때 더욱 큰 효과를 발휘한다.

기억의 궁전을 짓는 방법

그렇다면 기억의 궁전은 어떻게 짓는 걸까? 먼저 본인에게 익숙한 장소를 하나 정한다. 대표적인 예로 현재 살고 있는 집이 있겠다. 가만히 눈을 감고 현관부터 각 방이나 거실, 화장실 등이 부드럽게 이어지도록 동선을 정한다. 최대한 자연스럽게 이어지는 게 좋다. 여기서 가능하다면 각 장소를 세분화한다. 예를 들면 방 하나에서 책상, 침대, 옷장 등과 같이 여

러 군데로 나누는 것이다. 각 동선을 따라가면서 내가 외우고
자 하는 키워드들을 배치한다. 마지막으로 자신이 그 장소에
있다고 상상하고, 배치한 그 키워드의 이미지를 시각화한다.

워낙 본인에게 익숙한 장소이기에 키워드를 배치하고 한 번
만 시각화해도 거의 동시에 암기가 되는 걸 느낄 것이다. 일련
의 과정을 요약하면 다음과 같다.

기억의 궁전 짓는 법

1. 본인에게 익숙한 장소를 하나 정한다.
2. 최대한 자연스럽게 이어지도록 동선을 정한다.
3. 각 장소를 세분화한다.
4. 동선을 따라가면서 키워드를 배치한다.
5. 동선에 따른 이미지를 상상하고 시각화한다.

기억의 궁전 활용법

한국사 시험에서는 특정 사건의 순서를 기억해야 풀 수 있
는 문제들이 종종 나오는데, 이때 기억의 궁전 암기법을 활용
하면 좋다. 다음 예시에서는 두문자를 따서 '병제병오신척'으

로 외울 수도 있지만 더 쉬운 암기를 위해 기억의 궁전을 활용해 보겠다.

이 단어들은 가공 없이 그대로 기억의 방에 배치하기에는 무리가 있어 보여서 한 번 더 추출한 상태다.

> **기억의 궁전을 짓기 전 재료 만들기**
>
> **병인박해(1866)** → 병박 → 병 밖(유리병의 바깥)
>
> **제너럴셔먼호사건(1866)** → 셔먼호(말 그대로 둥둥 떠다니는 배)
>
> **병인양요(1866)** → 병양 → 병든 양
>
> **오베르트도굴사건(1868)** → 오굴 → 오! 굴(먹는 굴)
>
> **신미양요(1871)** → 신양 → 신난 양
>
> **척화비 건립(신미양요 이후)** → 척 비 → 엄지 척하고 있는 가수 비

이제 내 집에 들어간다 상상하고 하나씩 배치한다.

먼저 현관문의 손잡이가 유리병으로 되어 있는 것을 상상한다. 유리**병**의 **밖**을 잡아당겨야 집에 들어갈 수 있다. 집에 들어갔더니 현관 바닥이 물로 가득 차 있고 신발 대신 **셔먼호**가 둥둥 떠다니고 있다. 현관을 지나 내 방에 들어갔더니 침대에 **병**든 **양**이 자고 있다. 방을 나와 부엌에 들어갔더니 식탁에 **오! 굴** 요리가 차려져 있다. 굴 요리를 먹는 걸 상상하

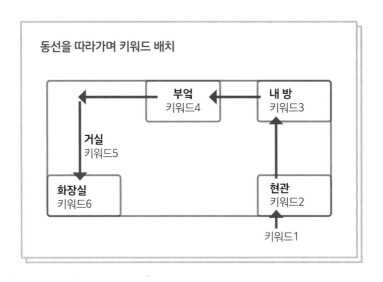

동선을 따라가며 키워드 배치

부엌
키워드4

내 방
키워드3

거실
키워드5

화장실
키워드6

현관
키워드2

키워드1

고 다시 거실로 간다. 거실에 **신**난 **양**들이 뛰어다니고 있다. 너무 정신이 없어 화장실로 피신하려고 들어갔더니 가수 **비**가 엄지 **척**을 하며 환하게 맞아주었다. 비도 뛰어다니는 양을 피하려고 화장실에 들어와 있었나 보다.

이런 식으로 본인의 집에 추출한 키워드를 직접 배치한 뒤 눈을 감고 그 상황을 상상한다. 익숙한 장소와 시각화된 이미지의 결합 효과는 상당히 강력하기에 단 한 번만 상상해도 바로 외워지는 놀라운 경험을 할 수 있다.

기억의 궁전을 더욱 효과적으로 사용하려면

앞에서는 5개의 라벨링 암기를 예로 들었지만, 우리가 시험 공부할 때 외워야 할 라벨링은 몇 개 수준이 아니다. 이는 곧 기억의 궁전도 하나만 존재해선 안 된다는 걸 의미한다. 각 주제마다 외워야 할 장소를 최대한 많이 확보하는 것이 필요하다는 뜻이다.

최대한 많은 장소를 확보하기 위한 몇 가지 팁을 알려주겠다. 첫째, **집 외에 본인이 자주 가는 장소를 선정한다.** 학교나 직장에서 주로 머무는 곳, 학교나 직장으로 향하는 길, 혹은 카페, 음식점, 공원, 체육관 등 자주 가는 장소를 떠올려 보자. 생각보다 장소는 무궁무진하다.

둘째, **최대한 많은 키워드를 넣을 수 있도록 장소를 나눈다.** 선정한 장소가 집이라면 침실, 화장실, 서재 등으로 나눌 수 있다. 또 그 안에서도 나눌 수 있는데, 예를 들어 화장실이라면 변기, 욕조, 세면대, 칫솔꽂이, 거울 등으로 다양하게 나눌 수 있다.

셋째, **꼭 장소만 활용해야 한다는 고정관념을 버리자.** 나는 학교에 다닐 때 각 친구들의 학급번호를 알고 있었다. 그래서 1번 친구에 키워드 하나, 2번 친구에 키워드 하나 이런 식으로 배정해서 외운 적도 많았다.

예를 들어 토끼, 거북이, 사자 순으로 외워야 한다면 1번 친구는 귀가 토끼처럼 긴 상상, 2번 친구의 등에 등껍질이 달린 상상, 3번 친구는 얼굴에 갈색 털이 휘날리는 상상을 하며 외우는 것이다. 나름 재미있게 암기할 수 있는 방법이다.

심지어 신체에 사물을 배치하는 방식도 가능하다. 자신의 머리부터 어깨, 손, 배, 발에 각각의 키워드들을 배치해 상상할 수 있다.

실제 시험에서 기억의 궁전을 최대한 활용하는 법

그렇다면 실제 시험장에서 기억의 궁전은 어떻게 활용할 수 있을까? 다음 세 가지 원칙을 기반으로 활용할 수 있다.

첫째, **모든 키워드를 기억의 궁전에 넣으려고 하지 않는다.** 정말 외우기 힘든 키워드에만 사용한다. 모든 걸 기억의 궁전을 통해 외우려고 하면 사용할 장소가 금방 포화되어 효과적으로 활용할 수 없다.

둘째, **기억의 궁전은 중간 수단임을 명심하자.** 기억의 궁전을 빠르게 단기 기억하거나 장기 기억으로 가게 하는 일종의 보조 수단으로 활용하는 것이다. 키워드들을 시험 하루 전에 벼락치기로 궁전 속에 잘 넣어 놓으면 다음날 아침에 대부분 기억날 것이다. 이때 못 외운 키워드는 다시 외우도록 한다.

수능이나 공무원 시험 등 오래 준비하는 시험은 처음에 기억의 궁전을 통해 외우고 며칠 간격을 두고 아웃풋을 하며 복습한다. 그럼 이 키워드들이 장기 기억으로 넘어가게 된다. 사실 이 정도 수준까지 오면 굳이 궁전을 활용하지 않아도 이미 개념이 머릿속에 들어온 상태라고 할 수 있다. 그럼 기존에 사용했던 장소를 또 다른 키워드를 외울 때 활용하도록 하자.

셋째, 여러 시험에서 기억의 궁전 암기법을 활용하기 위해서는 **'변환'을 능수능란하게 사용할 줄 알아야 한다.** 우리가 외워야 할 키워드는 보통 곧바로 이미지화할 수 있는 부분이 많지 않다. 즉, 키워드들을 이미지화하기 위해서는 중간에 변환하는 과정을 거쳐야 한다.

앞에서 키워드들을 이미지화하기 위해 변환한 과정을 다시 한번 살펴보자. 먼저 전체 키워드에서 이미지화가 가능한 단어를 기준으로 일부 글자만 뽑아낸다. 병인박해에서 병해로 뽑으면 상상 가능한 이미지가 없었다. 하지만 병박은 병 밖을 상상할 수 있어서 뽑아낸 것이다.

박과 밖의 발음이 동일한 이유도 있는데, 원래의 단어와

병인박해(1866) → 병박 → 병 밖(유리병의 바깥)

제너럴셔먼호사건(1866) → 셔먼호(말 그대로 둥둥 떠다니는 배)

병인양요(1866) → 병양 → 병든 양

오베르트도굴사건(1868) → 오굴 → 오! 굴(먹는 굴)

신미양요(1871) → 신양 → 신난 양

척화비 건립(신미양요 이후) → 척 비 → 엄지 척하고 있는 가수 비

이미지화하려고 하는 대상의 발음이 비슷하거나 동일하다면 부담 없이 뽑아내도록 하자. 병인양요의 병양에서 병든 양, 신미양요의 신양에서 신난 양을 뽑아낸 것도 중간에 다른 글자를 추가함으로써 이미지화를 쉽게 만든 작업이다.

지금까지 암기 천재들이 활용한다는 기억의 궁전 암기법을 알아보았다. 기억의 궁전을 활용할 장소를 선정하는 법과 기억의 궁전을 짓는 법, 실제 시험 활용법까지 다루었으니 여러분은 이제 나만의 기억의 궁전을 부단히 짓고 활용하기만 하면 된다. 이 암기법에 익숙해지면 당신도 수백 개의 키워드를 외울 수 있는 암기 천재가 될 수 있다.

2장

(아웃풋)

정확하게
끄집어내기

타이핑 공부법

아웃풋이 없는 공부는 허상이다

같은 조건 속에서 남들보다 성적을 빠르게 올리려면 어떻게 해야 할까? 공부의 본질을 파악하고 그 본질을 꿰뚫는 방향으로 거침없이 나아가야 한다. 즉, 방향을 제대로 잡고 속도를 올려서 추진력 있게 밀고 나가야 된다는 말이다.

공부의 효율을 극대화하기 위해선 인풋과 아웃풋 과정이 반드시 필요하다는 말을 수도 없이 들었을 것이다. 이것이 공부의 본질 중 하나이기 때문이다. 시험이란 게 사실 아웃풋을 제대로 내는 사람인가 확인하는 과정이고, 공부는 이걸 혼자 미리 해본다는 것에 의의가 있다. 스스로 많이 꺼내본 사람과 시험장에서 처음 꺼내보는 사람 중에 누가 시험을 잘 볼까? 말해봐야 입 아프다.

솔직히 머릿속에 있는 걸 다시 꺼내서 확인하는 과정이 번거로운 건 사실이다. 그냥 읽어나가는 게 편하긴 하다. 나도 수능 공부까지는 아웃풋 과정을 따로 거치지 않았다. 왜냐하면 여러 번 보는 인풋 과정만으로도 내용이 머릿속에 들어왔기 때문이다.

하지만 대학교에 진학하고 학년이 올라가면서 공부량이 기하급수적으로 많아지고 더 이상 인풋만으로는 안 되겠다는 사실을 깨닫게 되었다. 공부에 아웃풋이라는 과정이 '반드시' 필요하다는 사실을 받아들이기로 했다. 내가 이렇게 아웃풋 과정에 대해 강조하는 건 우리는 대부분 책을 여러 번 읽어볼 시간이 없기 때문이다.

아웃풋, 어떻게 하는 걸까?

아웃풋으로 공부하는 방법에는 크게 두 가지가 있다. 하나는 중요한 개념과 키워드 위주로 꺼내보는 방법이고 다른 하나는 전체 내용을 꺼내보는 방법이다. 전자는 수능이나 공무원 시험을 준비할 때 초기 개념을 잡는 등 전체적인 이해가 필요한 상황에 효과적인 방법이다. 후자는 단원 하나를 통으로 다 꺼내보고 틀린 부분을 다시 점검할 때 사용한다.

'이렇게 무식하게 공부해야 하는 경우가 있다고?'라고 생각할 수 있다. 하지만 특정 고시류나 의·치대 본과 과목 중 서술형 문제, 혹은 책 하나를 달달 외워야 하는 과목들, 심지어 수능이나 공무원 시험에서도 완벽히 머리에 넣어야 하는 파트를 공부할 때 사용하면 효과를 볼 수 있다.

나는 학부 마지막 학기에 들은 '서양철학사'라는 과목을 공부할 때 유독 힘들었다. 이 과목은 수백 페이지에 달하는 책을 통으로 외워야 시험을 잘 볼 수 있는 구조였다. 이 엄청난 분량을 정해진 시간 내 소화하기 위해서는 여러 번 읽어보는 공부법만으로는 택도 없다는 걸 일찌감치 깨달았다.

그렇다고 이 많은 분량을 손으로 다 쓰면서 공부하기에는 시간이 너무 오래 걸렸다. 그래서 공부법 하나를 개발했다. 결론부터 말하자면 나는 이 공부법으로 해당 과목에서 가볍게 A+를 받았다.

가장 빠르게 아웃풋하는 법

일명 '타이핑 공부법'이다. 아웃풋의 속도를 정말 미친 듯이 올려주는 공부법이다. 방법은 간단하다. 공부한 것을 아웃풋할 때 빈 워드 파일에 쭉 적어 내려가는 것이다.

손으로 직접 쓰거나 중얼거리기, 머릿속으로 다시 되뇌기 등 다양한 아웃풋 방법이 있지만 요즘 사람들 중에 타이핑 속도가 손글씨보다 느린 사람은 드물다. 타이핑 공부법은 이 점을 적극적으로 활용한다. 공부한 자리에서 바로 확인할 수 있게 데스크톱보다는 노트북 또는 패드와 블루투스 키보드 조합을 추천한다.

방법은 간단하다. 먼저 이론을 공부한다. 이때 자신이 한 번에 얼마나 공부할 수 있는지 여러 번의 시행착오를 거치며 공부할 양을 정한다. 여기까지가 인풋 과정이다. 그다음 책을 덮고 방금 공부한 내용을 빠른 속도로 빈 워드 파일에 타이핑한다. 여기서부터 아웃풋 과정이다. 쓰다 보면 분명히 기억이 안 나는 부분이 있는데 이런 부분은 잘못 쓰거나, 아예 못 쓰거나 둘 중 하나다. 이때 다시 책으로 돌아가 내용을 살피고 빨간 글씨로 제대로 타이핑해서 적는다.

막상 이론을 한 번만 공부하고 타이핑하면 기억이 하나도 안 날 것이다. 당연하다. 처음에는 기억 안 나는 부분을 바로 확인하면서 몇 번의 사이클을 돌린다. 쓸 수 있는 건 최대한 써보고 다시 책으로 돌아간다. 이때 개념을 꺼내보려고 노력 했던 것 자체가 뇌에 각인되고 이론을 다시 볼 때 외우는 속 도 즉, 복습의 효율이 상승한다.

한 챕터의 핵심 내용을 절반 이상 적을 수 있다는 생각이 들면 그때부터는 챕터의 모든 내용을 워드 파일에 쭉 타이핑 하고 틀리게 적은 키워드나 내용은 빨간색으로 표시한다. 그 다음 복습할 때는 한 번 더 쭉 타이핑하고 틀린 내용은 또 다 른 색, 그다음 복습할 때는 또 다른 색으로 표시한다.

이런 식으로 반복하다 보면 끝까지 머릿속에 안 들어왔던 개념이 무엇인지 알게 되고 그 개념 위주로 다시 외우면 되니 복습 시간도 점점 단축된다. 완벽히 머릿속에 들어왔다고 생 각하는 내용은 생략하고 애매한 부분만 다시 써보는 식으로도 응용이 가능하다. 그러다 보면 어느새 책 한 권이 내 머릿속에 들어와 있을 것이다.

타이핑 공부법 활용법 예시

실제로 내가 타이핑 공부법을 활용한 예시를 단계별로 소개한다. 나는 전문의 시험을 준비할 때 선배들로부터 최근 14년 동안의 기출 문제와 답을 전달받은 상태였다.

우리 과의 전문 시험 유형은 객관식과 주관식 및 서술형 시험으로 나뉘었는데, 서술형 시험은 모범 답안을 그대로 머릿속에 넣어야 하는 상황이었다. 이때 나는 서술형 답안을 모두 외우기 위해 타이핑 공부법을 활용했다.

첫 번째로 해야 할 건 파일 단권화 작업이다. 모든 회차의 기출 문제를 복사해 하나의 워드 파일에 모았다. 파일 이름은 '기출 서술형 문제 모음집'인데, 앞으로 A파일이라고 하겠다. 이 A파일을 켜고 문제를 확인한 후 아웃풋을 진행한다. 그리고 A파일을 복사해 이름을 '기출 서술형 모범 답안'으로 붙인다. 이 파일을 앞으로는 B파일이라고 하겠다.

B파일을 열면 아직 문제만 모아져 있을 것이다. 여기에 본인이 기출 답안을 눈으로 보고 외웠던 걸 직접 써보며 아웃풋을 진행한다. 당연히 처음 쓸 때는 기억이 안 나거나 잘못 적은 것도 많을 것이다.

이때 잘못 적거나 기억이 안 났던 개념들을 모두 빨간색으

📁 2008년도	2022-08-17 오후 3:54	파일 폴더
📁 2009년도	2022-08-17 오후 3:49	파일 폴더
📁 2010년도	2022-08-17 오후 3:49	파일 폴더
📁 2011년도	2022-08-17 오후 3:49	파일 폴더
📁 2012년도	2022-08-17 오후 3:49	파일 폴더
📁 2013년도	2022-08-17 오후 3:49	파일 폴더
📁 2014년도	2022-08-17 오후 3:49	파일 폴더
📁 2015년도	2022-08-17 오후 3:49	파일 폴더
📁 2016년도	2022-08-17 오후 3:49	파일 폴더
📁 2017년도	2022-08-18 오전 7:43	파일 폴더
📁 2018년도	2022-08-17 오후 3:49	파일 폴더
📁 2019년도	2022-08-18 오전 7:44	파일 폴더
📁 2020년도	2022-08-18 오전 7:49	파일 폴더
📁 2021년도	2022-08-17 오후 4:58	파일 폴더
📄 기출 서술형 모범답안 (B)	2022-08-18 오전 7:58	서식 있는 텍스트
📄 기출 서술형 문제 모음집 (A)	2022-08-18 오전 7:44	서식 있는 텍스트

로 표시한다. 여기서 한 가지 포인트가 더 있다. 기존에 제공된 답을 그대로 적는 게 아니라 이 과정을 거치는 김에 나만의 진정한 모범 답안을 완성하는 것이다.

본인이 외우기 쉽게 라벨링 순서를 바꾸며 적는다거나(새치기 암기법), 그룹화와 두문자 등(그루핑 공부법)을 활용해 추가로 표기하는 것이다. 그 변환 과정의 예시는 아래와 같다.

선배들에게 받은 모범 답안	타이핑 공부법 후 답안을 재분류하고 부족한 부분을 표시한 모범 답안
2) LLLT의 효과를 3가지 이상 열거하시오. 콜라겐 생성, 섬유아세포 활성의 증가, 프로스타글란딘 감소, 세포증식의 증가, 신경활성 증가, 손상된 말초신경 기능 증가, 측부신경형성 촉진, 표층 혈관 형성의 촉진, 상처 부위 치유 촉진, 골절 치유의 촉진, 부종의 감소 효과	**2) LLLT의 효과를 3가지 이상 열거하시오.** (1) 증가 네 가지 (섬세한 신의 손) **섬**유아세포 활성의 증가 및 콜라겐 생성 **세**포증식의 증가 **신**경활성 증가 **손**상된 말초신경 기능 증가 (2) 촉진 네 가지 측부신경형성 촉진 표층 혈관 형성의 촉진 상처 부위 치유 촉진 골절 치유의 촉진 (3) 감소 두 가지 프로스타글란딘 감소 부종의 감소 효과

내가 전달받았던 모범 답안은 그동안 선배들이 직접 작성했던 것이었기에 빠진 개념도 있고 라벨링들의 순서 자체도 깔끔하지 않은 경우가 많았다. 답안의 내용이 부족한 부분은 책에서 직접 찾아서 추가해 나갔다.

일단 B파일이 1차로 완성되었으면 며칠 후에 다시 A파일과 메모장을 켠 다음 타이핑을 한다. 이때도 기억이 안 나는 부분이 분명 있을 것이다. 그 부분은 B파일을 켜고 앞에서 사용한 것과 다른 색으로 표시한다.

한 단계 더 나아가 복습할 때마다 다른 색으로 표시하면 내가 외우지 못한 부분을 더욱 직관적으로 알 수 있다. 어떤 색을 쓸지는 스스로 정하고, 마우스로 그냥 드래그하고 색만 바꿔주면 끝이다. 손으로 펜 색깔을 바꿔가면서 한다? 시간이 훨씬 오래 걸릴 것이다.

B파일에 알록달록한 나만의 모범 답안지가 완성되면 마지막 복습을 할 때 잘 기억이 안 났던 부분부터 떠올리려고 노력한다. 본인의 가장 취약한 부분이기 때문이다.

이 공부법이 익숙해지면 개념을 정리하는 시간과 특정 개념을 외우는 시간이 배로 단축된다고 장담한다. 책을 다섯 번 그냥 읽은 것보다 인풋과 아웃풋 과정을 한두 번 거칠 때 머릿속에 훨씬 개념을 많이 넣을 수 있다. 그리고 타이핑 공부법은 그 속도를 증폭시키는 가장 좋은 방법임에 틀림 없다.

02

2분 프리라이팅 기법

빠르고 강력한 아웃풋을 원한다면

실제로 머리속에 지식을 넣는 인풋 과정보다 외운 것을 다시 꺼내보는 아웃풋 과정에 부담을 느끼는 사람이 분명 더 많을 것이다. 막상 아웃풋할 수 있는 시간이 주어졌을 때 어떻게 해야 할지 몰라 멍하니 시간만 날릴 수 있다. 그런 사람을 위해 준비했다.

이름하여 '2분 프리라이팅 기법'이다. 말 그대로 본인이 공부한 내용을 2분이라는 제한된 시간 동안 끊임없이 '자유롭게' 써보는 것이다. 아웃풋을 하는 데 짧은 제한시간을 걸어 뇌에

112

서 즙을 짜내듯 빠르게 확인하는 공부법이다. 이 공부법은 아웃풋과 복습에 감이 없는 공부 초심자들이 활용하면 좋다.

타이핑 공부법은 본인이 외운 것 전부를 자세하게 적고 틀린 부분을 세세하게 점검하여 보완하는 방식이라면 2분 프리라이팅 기법은 방대한 분량을 생각나는 대로 빠르게 적어 큼직큼직하게 부족한 부분을 인식하는 방식이다. 타이핑 공부법은 미시적인 아웃풋, 2분 프리라이팅 기법은 거시적인 아웃풋이라 말할 수 있다. 아웃풋 공부가 익숙하지 않은 사람은 2분 프리라이팅 기법을 통해 뇌에서 뭔가를 꺼낸다는 것이 어떤 느낌인지 파악할 필요가 있다.

2분간 공부한 내용을 쓰는 게 어떤 효과가 있을까? 일단 2분이라는 시간 제약이 있기 때문에 뇌의 집중력을 최대한 활용한다. 쉬지 않고 글을 쓰는 행위는 뇌의 반사작용을 활용해 공부한 내용을 계속 꺼내는 것과 같다. 이는 문제를 보고 정답을 꺼내야 하는 실제 시험과 비슷한 환경에서 트레이닝하는 효과가 있다.

가장 큰 장점은 본인이 아는 것과 모르는 것을 빠르게 구분해 준다는 점이다. 스스로 어떤 부분이 부족한지 인지한 상태에서 복습하면 빠르게 스펀지처럼 부족했던 부분만 쏙쏙 빨아들일 수 있다.

2분 프리라이팅, 이렇게 따라해 보자

2분 프리라이팅 기법을 상세하게 살펴보자. 첫째, 프리라이팅을 활용할 시간대를 정한다. 시간대는 크게 세 가지 옵션으로 나눌 수 있다.

(1) 한 단원을 공부한 직후
(2) 수업을 듣고 난 그날 저녁
(3) 전날 공부한 내용을 확인하고자 하는 다음날 아침

그때그때 상황에 맞게 활용할 수 있지만 우선 본인에게 가장 잘 맞는 일정한 시간대를 찾는 걸 권한다. 내가 가장 프리라이팅을 하고 싶은 타이밍, 실질적으로 가장 많이 도움이 될 타이밍을 파악할 수 있다. 그리고 그 시간대를 찾아 매일 실천한다면 일종의 루틴이 되어 복습과 아웃풋을 생활화할 수 있게 된다. 당연히 학습 효율도 배로 올라간다. 반드시 위의 세 가지 시간대 모두 실천해 보고 최적의 프리라이팅 공부법 시간대를 찾길 바란다.

참고로 나는 다음날 아침이 가장 잘 맞았다. 자는 동안 뇌에서 장기 기억으로 갈 지식과 잘 안 외워지는 부분을 구분

하기 때문이다. 이 상태에서 프리라이팅을 했을 때 부족한 부분을 쭉쭉 빨아들일 수 있었다.

둘째, 준비물을 챙긴다.

(1) 교재
(2) 펜과 연습장 또는 노트북
(3) 구글 타임타이머

나에게 맞는 최적의 시간대를 찾았다면 프리라이팅을 시행할 교재를 꺼내 본인이 공부한 부분을 빠르게 한번 넘겨본다. 이때 제목과 소제목 등을 살피며 세부 내용을 꺼낼 마음의 준비를 한다.

타이핑을 활용하고자 한다면 노트북을, 타이핑 속도가 느리거나 타자를 칠 여건이 안 된다면 연습장과 펜을 준비하면 된다.

구글 타임타이머는 원하는 시간을 세팅하면 남은 시간이 실시간으로 보이는 아이템이다. 조작도 간단하고 남은 시간이 눈으로 보이기 때문에 뇌에 긴장감을 준다. 다양한 가격대의 구글 타임타이머가 있고, 저렴한 것도 대부분 제 기능을 하니 하나쯤 구입해 활용하길 추천한다.

이제 프리라이팅을 시작한다. 구글 타임타이머를 2분으로 세팅하거나 구글 타임타이머가 없다면 휴대폰 타이머를 활용해도 무방하다. 2분 동안 본인이 공부한 내용을 쉴 새 없이 적는다. 여기서 포인트는 '쉴 새 없이'다. 내용이 일관적으로 이어지지 않아도 괜찮다. 말 그대로 프리라이팅이기에 공부한 범위 내에서는 기억나는 것을 융단폭격식으로 써내려 간다.

기억이 잘 나지 않는 부분이 분명히 있을 것이다. 그때는 일단 그냥 넘어가고 기억나는 것을 적는다. 뇌는 이 순간, 기억 못 한 상황 자체를 한 번 인지한다. 또는 뭔가 틀린 내용을 적는 듯한 느낌을 받는 순간도 있다. 이때도 그냥 적는다. 뇌는 '지금 내가 틀린 걸 적고 있구나'라고 인지한다. 내가 어떤 걸 확실하게 이해하고 있는지 또는 외우고 있는지 잘 모른다면 키워드를 모르는지 해당 부분의 설명을 모르는지 아니면 전혀 모르는지 파악할 수 있다.

시간이 종료되면 그대로 적는 것을 멈추고 어떤 걸 쓰고 못 썼는지 한번 쭉 훑어본다.

마지막 과정이 가장 중요하다. 프리라이팅을 시행했던 범위의 교재를 빠르게 읽는다. 프리라이팅을 하는 것보다 더 중요한 단계다. 어떤 걸 잘 못 썼는지, 즉 본인에게 부족한 부분이 무엇인지 가장 잘 인지한 상태이기 때문에 이때 읽는다면 그 부족한 부분을 쭉쭉 빨아들이게 된다.

직접 해보면 일정한 주기에 따라 맹목적으로 읽기만 하는 복습보다 훨씬 효율이 뛰어나다는 걸 깨달을 것이다. 그 어떤 복습법보다도 효율이 좋다고 장담한다. 이 2분 프리라이팅을 습관화하고 루틴으로 활용할 수만 있으면 분명 가파른 성적 향상으로 이어질 수 있다.

스피드 패스 공부법

자투리 시간 활용과
아웃풋은 의외로 궁합이 좋다

공부를 잘하기 위해 가장 중요한 요소 중 하나는 충분한 공부 시간을 확보하는 것이다. 당연한 말이다. 하지만 그만큼 쉬운 일은 아니다. 학생이건, 직장인이건, 맘시생이건 자투리 시간을 확보하는 것만큼 공부 시간을 늘리는 데 효과적인 방법은 없을 것이다. 이 공부법은 절대적인 공부 시간을 확보하기 어려운 사람들에게 추천한다.

순간순간의 시간은 짧아 보이더라도 자투리 시간이 하루,

일주일, 한 달, 일 년 동안 지속해서 쌓이면 총 순공 시간은 차원이 달라진다. 즉, 자투리 시간을 제대로 활용했는지가 합격에 결정적인 영향을 끼칠 수 있다는 뜻이다. 자투리 시간을 확보하는 건 상당히 개별적인 일이기에 이보다는 자투리 시간 자체를 어떻게 채울지에 대해 더 중점적으로 설명하겠다.

먼저 자투리 시간의 특성을 알아보자. 자투리 시간은 일반적인 공부 시간과 달리 주기가 상당히 짧은 편이라는 걸 인지하고 있어야 한다. 또한 무겁고 부피가 큰 공부 자료를 활용하기 어렵다는 측면도 있다. 따라서 인풋보다 아웃풋을 하기 유리한 시간이다.

자투리 시간 공부법은 메타인지와 아웃풋을 최대한 활용하는 것과 동시에 공부 자료의 휴대성을 고려하는 것이 최우선이 되어야 한다. 메타인지 공부법에 대해선 뒤에서 자세히 다룰 예정이다.

'휴대성을 고려해야 되는 건 알겠는데, 메타인지와 아웃풋은 왜 중요할까?'라고 생각할 수 있겠다. 본인이 외웠던 것을 다시 꺼내보는 아웃풋 공부는 메타인지 측면에서 굉장히 중요하다. 하지만 공부를 하는 중간에 읽은 것을 다시 한번 머릿속에서 꺼내본다는 게 여간 귀찮은 일이 아니다. 무엇보다도 계속 공부하던 것을 중단하고 아웃풋을 시도하기에는 타이밍

잡기도 힘들고 흐름 자체가 끊긴다는 게 가장 큰 문제다.

하지만 자투리 시간을 활용하면 얘기가 달라진다. 자투리 시간의 특성상 호흡을 짧게 짧게 가져갈 수밖에 없다. 예를 들어 길을 걸으며 공부한다고 했을 때 평지에서는 잠시나마 자료를 볼 수 있지만 내리막길이 나오거나 구불구불한 길이 나오면 위험하다. 버스나 지하철에서 책을 봐도 흔들리는 차 때문에 눈에 피로감이 쌓여 연속적으로 보기 힘들다. 이때 바로 아웃풋 공부를 할 수 있는 타이밍이 온다.

시공간적으로 안정적인 타이밍이 있고 다소 불안정한 타이밍이 있다. 예를 든 것처럼 시야를 공부 자료에 다소 긴 시간 동안 둘 수 있는 순간이 안정적 타이밍, 몸을 이리저리 움직여야 하거나 시야를 다른 곳에 두어야 한다면 불안정한 타이밍이다.

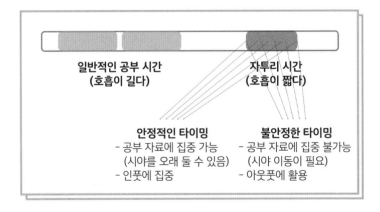

일반적인 공부 시간
(호흡이 길다)

자투리 시간
(호흡이 짧다)

안정적인 타이밍
- 공부 자료에 집중 가능
  (시야를 오래 둘 수 있음)
- 인풋에 집중

불안정한 타이밍
- 공부 자료에 집중 불가능
  (시야 이동이 필요)
- 아웃풋에 활용

그래서 생각한 것이 '이 끊기는 불안정한 타이밍을 아웃풋하는 때로 삼으면 어떨까'였다. 평소에 하기 싫었던 아웃풋 공부도 틈날 때마다 할 수 있고 순공 시간을 조금이라도 더 확보하는 일석이조의 효과가 생기기 때문이다. 나는 이 방식을 학부생 때부터 활용했다. 이렇게 확보한 공부 시간의 질 또한 결코 낮지 않았음을 자신있게 말할 수 있다.

단어 카드를 활용한 스피드 패스 공부법

여기서 더 중요한 건 손에 어떤 자료를 들고 자투리 시간을 활용하느냐는 것이다. 앞서 말한 것처럼 가장 기본은 휴대성의 확보다. 휴대성이 확보된 공부 자료는 크게 세 가지가 있다. ① 단어 카드 ② 작은 수첩 ③ 휴대폰이다. 각각의 장점과 단점, 활용법이 다르므로 끝까지 읽어보고 본인에게 가장 잘 맞는 것을 선택하면 된다.

단어 카드는 한 손 안에 들어오면서 앞면과 뒷면에 모두 적을 수 있다. 고리로 연결되어 빠르게 넘겨볼 수 있고, 필요 없는 것은 제거하거나 반대로 추가도 가능하다. 구성은 간단하지만 스피드 패스 공부법에 가장 적합한 공부 재료다.

단어 카드의 앞면에는 책을 읽으며 반드시 외워야 하는 개념을 적는다. 예를 들면 앞면에 '통증의 전달 경로 4단계'를 적는다. 그리고 뒷면에는 개념에 대한 풀이를 적는다. 'Transduction, conduction, transmission, and pain perception' 이런 식의 키워드 위주로 단어 카드를 구성해도 되고, 서술형으로 구성해도 크게 상관은 없다. 키워드를 앞면에 쓰고, 키워드를 정의하는 서술 문장을 뒷면에 적는다.

이때 한 카드에 여러 개의 개념을 한번에 적는 것보단 하나씩만 쓰는 걸 추천한다. 여러 개를 써 놓으면 어떤 건 알고 어떤 건 모르는 상태가 될 수 있기 때문에 헷갈릴 수 있다. 중요한데 잘 안 외워지는 것들 위주로 적는다.

활용법은 간단하다. 앞면을 보고 본인이 아는 것이라 확신이 든다면 빠르게 넘긴다. 말 그대로 '스피드 패스' 하는 것이다. 반면 조금이라도 헷갈린다면 일단 머릿속에서 아웃풋을 해본 뒤 뒷면을 확인하고 틀린 부분을 다시 외운다. 어딘가로 이동할 때, 식사를 할 때, 화장실을 가거나 친구들끼리 잠깐 대화를 할 때 자투리 아웃풋 공부의 재료로 활용한다.

대중교통 안에서 차가 너무 흔들려 눈이 피로하다는 생각이 들면 어떻게 할까? 약간 긴 분량의 개념을 다시 떠올려야 하는 페이지까지 넘겨서 눈을 감고 머릿속으로 정답 문장을 떠올렸다가 다시 확인하는 식으로 활용이 가능하다. 길이 구불구불한 타이밍이 왔을 때도 마찬가지다. 구불거리는 길에 도착하기 전에 한 템포 먼저 긴 개념을 떠올려야 하는 페이지까지 넘긴 뒤 머릿속으로 아웃풋을 하며 이동한다.

이런 식으로 주중에 열심히 개념들을 모아 틈틈이 보기를 반복하고 주말이 오면 복습을 한다. 단어 카드에서 이미 외운 개념은 제거하고 못 외운 개념은 남긴다. 그리고 계속 공부하면서 추가할 내용은 카드를 더한다. 물론 이미 외웠던 개념들도 언젠간 다시 봐야 할 때가 있으니 제거한 카드를 버리진 말고 한곳에 모아두는 게 좋다. 모아둔 카드는 한두 달에 한 번 정도 빠르게 넘겨보면서 기억이 안 나는 카드는 다시 추가한다.

작은 수첩을 활용한 스피드 패스 공부법

작은 수첩을 활용하는 방법이다. 단어 카드는 따로 구입하는 것도 번거롭고, 분류하는 작업도 성가시기 때문에 거부감이 드는 사람도 분명 있을 것이다. 그때는 접근성이 더 뛰어난 작은 수첩을 활용하자.

마찬가지로 앞면에는 개념, 뒷면에는 그 개념을 풀이하는 정의 등을 써서 공부하면 된다. 그리고 완전히 외웠다 싶은 건 뜯어서 따로 보관한다. 작은 수첩의 한 가지 단점은 단어 카드와는 달리 뜯었던 것을 다시 추가할 수가 없다는 점이다. 뜯은 건 특정 장소에 보관하면서 나중에 다시 확인하며 안 외워진 것만 한 번 더 옆에 분류한다. 그 분류된 것들은 그 장소에서 틈틈히 확인하는 식으로 활용하면 된다.

휴대폰을 활용한 스피드 패스 공부법

휴대폰은 따로 수첩이나 단어 카드를 구입하지 않아도 되는 장점이 있다. 먼저 책을 읽으면서 반드시 외워야 하는 개념이 나오면 그 핵심 키워드에 형광펜으로 표시한 뒤 휴대폰 카메라로 설명과 함께 찍고 암기법 폴더를 만들어 따로 모아 둔다.

이제 아웃풋을 할 차례다. 이동 시에 폴더를 열어 형광펜 부분만 빠르게 보고 나머지 설명은 머릿속으로 떠올리는 것이다. 그리고 폴더 하나를 더 만들고 못 외운 개념의 사진들은 다 두 번째 폴더로 옮긴다. 이렇게 하면 나중에 두 번째 폴더를 열어 못 외운 것들 위주로 볼 수 있다. 다만 이 방법은 형광펜 있는 부분만 보려고 하다 나머지 설명도 함께 눈에 보일 수 있기 때문에 앞의 두 가지 방식보다는 확실히 아웃풋 효과가 다소 떨어진다.

이상 세 가지 재료를 활용한 스피드 패스 공부법에 대해 살펴보았다. 재료도 중요하지만 무엇보다 머릿속에 있는 것을 틈날 때마다 꺼내보겠다는 '의지'가 중요하다. 아무리 열심히 자료를 만들었어도 꺼내보지 않거나 아무 생각 없이 읽는다면 효율적인 공부를 할 수 없다. 이 공부법의 핵심은 '아웃풋'임을 잊지 말자.

어쩌면 이 세상의 모든 공부법은 시간 관리에 대해 말하고 있는지도 모른다. 어떻게 공부 시간을 최대한 확보할 수 있는지, 확보한 시간을 어떻게 효율적으로 활용할 수 있는지 등 시간 관리를 어떻게 하느냐에 따라 합격의 당락이 갈린다. 1부에서 언급한 암기법도 결국 정해진 시간 안에 어떻게 빠르게 외울지에 대한 이야기다.

2부에서는 시간과 관련한 고민 아래 탄생한 공부법들을 소개한다. 최대한 엉덩이를 붙이고 앉아 있을 수 있는 방법, 즉 공부 시간의 용량을 늘리는 법을 집중적으로 다룰 예정이다. 또한 같은 시간을 확보했을 때 더 좋은 결과를 낼 수 있는 공부 효율 향상법에 대해서도 살핀다. 둘 중에 어느 하나라도 부실하다면 결코 좋은 결과를 얻을 수 없다. 부피와 밀도를 모두 갖춘 공부법을 알고 싶다면 이 파트에 주목하자.

2부

합격까지
초고속으로 도달하는
시간 관리
공부법

3장

시간

순공 시간을
끌어올리는 방법

체인지 공부법

완벽한 합격으로 가는 길에는 무엇보다 우직함이 필요하다. 엄청난 공부량으로 밀어붙이고 거기에 정교한 스킬들을 입히는 것이다.

우직하게 공부한다는 건 집중력을 떨어뜨리는 수많은 유혹들에서 스스로 절제할 수 있는 의지력부터 철저한 시간 관리까지 엄청나게 복합적인 내공이 요구되는 능력이다. 그만큼 이 능력을 제대로 갖춘 사람만이 합격의 달콤함을 맛볼 수 있다.

공부와 관련된 키워드 중 어디에서도 빠지지 않는 게 있다. 바로 '순공 시간'이다. 순공 시간은 '순수하게 공부한 시간'의 줄임말이다. 도서관에 12시간을 앉아 있어도 휴대폰을 보거나 딴생각을 6시간 한다면 순공 시간은 결국 6시간뿐이다. 충분한 순공 시간을 확보하는 일은 만만치 않다. 인간이 한번에 얼마나 집중할 수 있는지에 대한 연구는 정말 많다. 연구방법론에 따라 범위가 다양하지만 생각보다 그 시간이 길지 않다는 것에 주목해야 할 필요가 있다.

공부를 지속함에 따라 집중력이 떨어지는 것은 뇌의 한계상 어쩔 수 없는 현상이다. 그렇다고 집중력이 떨어질 때마다 공부가 아닌 딴짓을 한다면 순공 시간을 확보할 수 없다.

나도 처음에는 여느 친구들처럼 주어진 자습시간에 공부하다 집중력이 좀 떨어진다 싶으면 딴짓도 조금 했다. 그리고 다시 쉬엄쉬엄 공부하다가 자습시간이 끝나면 집에 가는 평범한 루틴을 이어갔다. 그만큼 성적도 그저 그런 수준이었다.

하지만 어느 순간 남들보다 몇 배 이상의 집중력과 노력, 그에 따른 퍼포먼스를 내고 있는 나 자신을 발견할 수 있었다. 그리고 얼마 안 가 주위에서 놀랄 만큼 성적과 등수가 가파르게 상승하는 경험을 했다. 지금 소개하려는 체인지 공부법을 적용하고부터였다. 이것은 나를 성장시킨 결정적인 공부법 중 하나다. 체인지 공부법의 모든 것을 여기에서 낱낱이 공유하겠다.

나만의 공부법을 찾다

이 공부법은 내가 온전히 개발한 공부법은 아니다. 그래서 어떻게 이 공부법을 배우게 되었는지 과정을 소개하는 게 중요할 것 같다. 자신에게 가장 잘 맞는 공부법을 개발하고 적용하는 과정을 엿볼 수 있을 것이다.

고등학생 때 이야기다. 여느 때처럼 공부를 마치고 집에 왔는데 책상에 교과서가 아닌 못 보던 책이 놓여 있었다. 어머니가 한번 읽어보라고 사 놓으신 공부법 관련 책이었는데 당시 반응이 좋았던 하버드대학교 출신 박원희 저자의 『공부 9단 오기 10단』이라는 책이었다. 안 그래도 공부가 지루했던 시기에 읽어보니 내용도 재미있고 동기 부여도 되었다. 무엇보다도 실질적인 공부법을 알 수 있다는 점이 가장 좋았다. 책을 재밌게 읽기도 했고 실제로 도움도 됐다고 어머니에게 말씀드리자 며칠 뒤에 다른 책이 책상에 올려져 있었다.

지금 생각해 보면 공부법 책 특유의 스토리텔링과 실질적인 방법론이 나에게는 재밌게 느껴져 잘 맞았던 것 같다.

그 이후에 어머니는 재미에 들리셨는지 『서울대 의대 3인 합격 수기』, 『공부기술』, 『공부가 가장 쉬웠어요』 등 과거에 유명했던 책들을 계속 사서 내 책상 위에 놓으셨다. 나중에 나는 파블로프의 개처럼 다음 공부법 책은 언제 사주시나 기다리는 지경에 이르렀다.

이런 다양한 공부법 책들을 접하다 『공부기술』이라는 책에서 한 가지 놀라운 공부법을 발견하게 된다. 바로 20분마다 무조건 과목을 바꿔서 공부하는 방법이었다. 나는 이 공부법을 알고난 뒤 나름대로 변형시키고 최적화하는 작업에 들어갔다.

일단 책에 나온 내용을 그대로 실천해 보았다. 20분마다 무조건 과목을 바꿨을 때 확실히 전보다는 집중력이 길게 유지됨을 몸소 느꼈다. 하지만 20분이라는 시간을 의식하면서 공부하다 보니 온전히 공부에 집중할 수 없었다. 이때 나만의 시간 주기를 다시 재설정하기로 결정했다.

가장 최적화된 시간을 찾기 위해 과목마다, 단원마다, 그날의 컨디션마다 시간을 다르게 설정했다. 그리고 결국 공부할 때마다 집중력이 떨어지면 유연하게 바로 과목을 바꾸는 전략을 택했다. 5분이 됐든, 10분이 됐든, 30분이 됐든, 1시간이 됐든 매번 시간은 달랐지만 그 시간 자체가 그때그때 최적화된 시간이었고 그때마다 과목을 바꿔주는 게 내겐 딱 맞는 공부법이었다. 그리고 이 공부법에 '체인지 공부법'이라는 이름을 붙였다.

여러분도 마찬가지로 이 책에 있는 공부법을 100% 똑같이 적용하지 말고 본인에게 가장 잘 맞게 변형하고 응용해서 활용하길 바란다. 가령, 한 과목을 공부하는 시간을 고정하고 싶다고 하면 10분, 20분, 30분, 40분, 50분, 60분씩 각각 공부를 해본다. 그 뒤에 그 시간대의 집중력이 주관적으로 100점 만점에 몇 점인지를 분석한다. 다양한 시간대와 다양한 과목으로 실험하고 각 점수의 평균을 매겼을 때 가장 높은 점수대가 나온 게 자신에게 가장 적합한 집중 시간이다. 최적의 시간대를 찾았다면 그 시간 동안 공부를 하고 다른 과목으로 넘어가는 식으로 응용해 보자.

쉴 틈 없이 체인지하라

체인지 공부법의 기본 컨셉은 한 과목을 20분 공부하고 바로 다른 과목으로 바꾸는 것이라고 앞에서 설명했다. 20분이 지나면 다른 과목으로, 다시 20분이 지나면 다른 과목으로 무한 반복이다. 새로운 과목이기 때문에 다시 집중도도 올라가고 지루함도 사라져 공부를 지속할 수 있다.

언뜻 보기엔 공부 흐름이 끊길 것 같지만 20분 동안 본 내용이 다음 과목을 공부하는 동안에 무의식적으로 뇌에서 정리된다. 그렇게 그다음 내용을 받아들일 준비를 하면서 다시 처음 과목으로 돌아왔을 때 큰 이질감 없이 공부를 이어갈 수 있다.

이는 해마와 소뇌 부위가 여러 일을 동시에 진행하는 다중작업(Multi-tasking)과 현재 하는 일을 계속 하면서 다른 일을 실행하는 후면작업(Background job)을 하기 때문이다.

체인지 공부법이 효과적이라는 것을 증명하는 뇌과학 연구가 하나 더 있다. 다음 그래프를 살펴보자.

그룹 A는 2시간 이상 공부를 시킨 경우, 그룹 B는 정확히 2시간 동안만 공부를 시킨 경우, 그룹 C는 30분씩 끊어서 공부를 시킨 경우다. 이 연구에서 그룹 C가 압도적으로 기억한

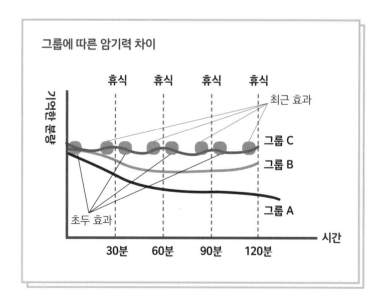

분량이 많았다. 그 이유는 공부의 한 사이클이 시작될 때 초반에 본 내용을 많이 기억하는 '초두 효과'와 마무리될 때 마지막에 본 내용을 많이 기억하는 '최근 효과'를 비교적 많이 누릴 수 있기 때문이었다.

체인지 규칙 만들기

체인지 공부법은 공부 시간의 사이클을 20분으로 고정해 확확 바꾸는 게 내 공부 패턴과는 맞지 않아 그날의 컨디션과 집중력 상태에 따라 변화를 주는 전략을 택했다. 정말 집중이 안 되면 공부를 시작한 지 5분 만에 과목을 바꾸기도 하고 과목 자체에 몰입이 잘되면 1시간 동안 계속 보기도 하였다.

여기에 한 과목당 최대 1시간은 넘지 않는 규칙을 만들었다. 똑같은 텍스트를 1시간 이상 보면 집중력이 떨어진 상태로 멍하니 책을 보게 되는 경우가 많았기 때문이다. 이런 식으로 본인의 최대 집중 시간을 스스로 관찰한 뒤 정교하게 이 공부법을 응용하면 된다.

이 외에도 몇 가지 추가 규칙을 만들어서 공부법을 더 정교하게 만들 수 있다. 내가 만든 세부 규칙은 다음과 같다.

첫째, 부득이하게 **한 과목만 공부해야 하는 날에는 집중력이 떨어지는 시점에 아예 단원을 바꿔버린다.** 1, 2, 3단원이 시험 범위라고 해도 꼭 모든 단원의 내용이 이어지지 않은 경우가 있다. 이럴 때는 1단원이 지루하다 싶으면 바로 3단원으로 넘어간다.

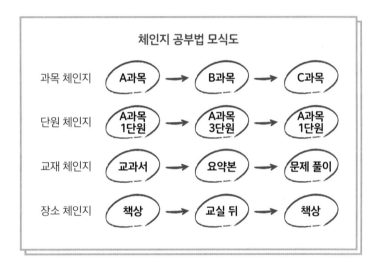

둘째, **공부의 방법, 즉 교재를 바꾼다.** 같은 과목이나 단원이라도 교과서를 보거나 요약본 및 노트를 볼 수 있고, 혹은 문제를 푸는 등 교재에 따라 여러 방법으로 공부할 수 있다. 집중력이 떨어진다 싶으면 이렇게 공부 방법을 바꾸는 것도

좋다. 또한 인풋으로 개념을 머릿속에 집어넣다가 질릴 때면 중간에 아웃풋으로 꺼내보는 것도 가능하다.

셋째, 공부 자체가 하기 싫거나 컨디션이 별로인 날은 자기가 **가장 좋아하고 잘하는 과목을 윤활제로 활용한 뒤 보충이 필요한 과목으로 넘어간다.** 나는 음악을 들으면서 수학 공부하는 시간을 가장 좋아했는데, 상대적으로 약했던 과목인 언어를 공부할 시점에 10분 정도 음악을 들으며 수학 몇 문제를 먼저 풀었다. 워밍업이 되었다는 느낌을 들면 바로 음악을 끄고 언어로 넘어갔다.

넷째, 환경 차원의 체인지도 고려한다. 책상에 앉아서 공부하다가 집중력이 떨어질 때면 교실 뒤에 서서 공부하는 식이다. 자리를 이동하고 자세의 변화를 줌으로써 집중력을 다시 끌어올리는 방법이다. 그 자세가 질리면 다시 자리로 돌아와 앉아서 공부한다.

체인지 공부법은 뒤에서 소개할 '집중과 보상의 규칙'을 결합시키면 거짓말처럼 새벽 6시부터 밤 12시까지, 온종일 초고도의 집중 상태를 유지한 채 공부하는 게 가능하다. 집중력이 떨어질 때마다 과목을 계속 바꾸면서 공부하면 질릴 틈도 없이 어느새 하루를 공부에 쏟았다는 걸 깨닫게 될 것이다.

음악 공부법

음악을 들으며 공부하면 효율이 떨어진다고?

각종 매체에서 소개하는 수많은 공부법들을 분류해 보면 같은 주제에 대해 서로 다른 관점과 방법론을 말하는 경우가 많다. 공부법에는 각각 효율이라는 게 존재하기 때문에 결국 가장 빨리 성적을 올리기 위해서는 최상의 효율을 내는 공부법들을 택해서 나만의 조합을 만들어가야 한다.

다만 여기서 생각해 봐야 할 문제가 하나 있다. 각각 최고의 효율을 내는 공부법들은 과연 불변의 진리인가? 나는 아니라고 말하고 싶다. 의사는 환자들을 치료할 때 많은 종류의

약을 시도한다. 하지만 예후를 보면 같은 진단을 내린 환자라고 하더라도 똑같은 약물이 최고의 효과를 내는 것은 아니다. 사람의 기관, 신경계, 효소의 기능이 모두 제각각 다르기 때문이다.

공부법도 똑같다. 수천 가지의 공부법들 중에서 모든 사람에게 동일하게 적용되는 공부법 조합은 존재하지 않는다. 따라서 우리는 모두 자신에게 가장 잘 맞는 공부법들을 찾아나가는 과정을 반드시 거쳐야 한다.

내 경우에도 마찬가지였다. 고등학교 때부터 30대 중반에 전문의 시험을 마치기까지 약 20년 동안 여러 유혹들과 나태함이 나의 공부를 방해했다. 그때마다 나를 끝까지 북돋아 준 공부의 동반자가 있었는데, 그건 바로 '음악'이었다.

입시를 준비하면서는 수학 과목을 공부할 때만 음악을 들었고, 대학교, 대학원, 국가고시, 전문의 시험을 준비할 때는 모든 과목을 음악을 들으며 공부했다. 이 정도가 되니 나중에는 내가 공부를 하러 도서관에 가는 건지, 음악을 들으러 도서관에 가는 건지 헷갈릴 정도였다.

하지만 상관없었다. 공부와 음악 듣기는 양립할 수 있는 행위이고 공부를 지속할 수만 있다면 그 수단이 뭐가 되든 가릴 필요가 없기 때문이다.

여기서 태클이 하나 들어올 것 같다. "음악을 들으면서 공부하면 집중력이나 효율이 떨어진다고 하던데?" 맞는 말이다. 나도 아닌 걸 맞다고 우기진 않는다. 실제 연구에 따르면 공부할 때 음악을 들으면 공부의 효과가 떨어진다고 한다. 아무리 음악에 신경을 안 쓴다고 해도 본인도 모르게 듣는 데 에너지를 쓰게 되어 공부에 사용할 에너지가 분산되기 때문이다.

상반되는 또 다른 연구도 있다. 좋아하는 음악을 들으면 정서적으로 기분이 좋아지고 그 좋아진 기분은 실제 뇌의 각성 수준과 인지 능력, 그리고 동기에 영향을 미친다고 한다.

두 연구 결과 중 무엇이 정답일까? 답은 심플하다. 본인한테 맞는 방법을 택해서 끝까지 밀고나가면 된다.

음악 듣기를 공부에 활용하는 법

인간은 정서라는 변수가 굉장히 중요하게 작용하는 존재다. 나에게 있어 음악 없이 공부하는 건 높은 효율을 가져다줄 수는 있어도 일단 재미가 없다. 시작 자체도 하기 싫고 시작한다 해도 금세 지루해진다. 하지만 음악을 들으며 공부한다면? 두 가지 측면에서 내 순공 시간을 올려줬다.

첫째, 공부를 시작하는 일종의 장치로 활용할 수 있다. 남들은 시험기간에만 바짝 한다는 대학교 공부를 하기 위해 나는 개강 첫날부터 중앙도서관으로 향했다. 물론 성적을 잘 받기 위한 욕심도 있었지만 음악을 들으면서 공부를 한다는 그 자체가 즐거웠기 때문이다.

월요일은 '브라운 아이드 소울', 화요일은 '플라이 투 더 스카이' 노래를 들었다. 좋아하는 노래를 들을 생각을 하니 설렜다. '공부 = 음악 듣기'라는 생각이 뇌에 각인되어 공부 자체가 즐거운 행위가 되었다. 언제든 시작하고 싶게끔 만드는 힘이 자연스럽게 생겼다.

둘째, 공부를 지속할 수 있게 해준다. 공부하는 동안에 음악을 들으면 다음 좋아하는 곡이 뭐가 나올까 하는 기대감에 공부를 끊지 못하고 계속할 수 있었다.

나는 보통 좋아하는 노래들만 모아 셔플로 돌리거나, 좋아하는 가수 노래만 모아서 몰아 들었다. 본과 3, 4학년때는 주구장창 '거미'랑 '박화요비' 노래를 들으면서 공부했다. 두 가수 모두 이별 상황에 오열하는 창법이 일품이다. 앨범 한 사이클을 돌리며 공부를 하면 일종의 대서사시가 펼쳐지면서 중간중간 가슴이 먹먹해지고 감정이 이입되는 것도 재밌었다. 공부를 끝내고 도서관을 나오면 영화 한 편을 보고 나온 기분이 들 정도랄까. 이 맛에 다음날 또 도서관에 가는 것이다.

좋아하는 음악 카테고리를 몇 개 만들고 계획했던 공부 시간이 끝날 때 인위적으로 다른 카테고리의 음악을 틀어 공부 시간을 연장하는 방법도 있다. 그냥 가수를 바꾸는 것도 가능하다. 공부량이 좀 부족하다고 생각한 날에는 밤 11시까지 '먼데이키즈' 노래 모음을 들으면서 공부하다가 끝날 때 일부러 'SES' 노래 모음으로 바꿨다. 소머리국밥을 먹는 느낌에서 과일 주스를 마시는 상큼함으로 바뀐 기분에 2시간 정도는 더 내리 공부한 적도 있다.

지치지 않는 공부의 원동력, 음악

이런 관점에서 음악은 내가 20년 동안 지치지 않고 공부를 즐겁게 할 수 있었던 가장 큰 원동력이라 생각한다. 나는 각 연도마다 공부와 함께 즐겁게 들었던 노래들이 있다. 그 노래들이 가끔 어디선가 흘러나오면 '그때는 이 노래를 들으면서 공부를 열심히 했었지….' 하면서 추억에 잠기곤 한다. 삶이 풍요로워지는 느낌이다.

A(공부)라는 행위를 지속하는 습관을 만들고 싶다면 좋아하는 B(음악 듣기)라는 행위와 서로 연결시키면 된다. B가 하고 싶어 A+B를 지속하다 보면 결국 A라는 습관이 여러분의 삶에 자리 잡을 것이다.

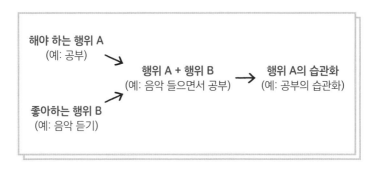

나처럼 음악을 좋아하는 사람도 있겠지만 분명 음악과 친하지 않거나 음악을 들으며 공부할 때 집중이 잘 안 되는 사람도 있을 것이다. 그런 사람들을 위한 몇 가지 음악 활용법을 소개한다.

첫째, 공부를 시작할 때 딱 2~3곡만 듣고 끄는 방법이다. 그러다가 집중력이 떨어지면 쉬고, 다시 공부를 시작할 때 2~3곡 듣고 끄는 식으로 이어나간다. 음악을 듣는 것은 좋아하지만 공부와 같이는 집중하지 못하는 사람들에게 추천한다.

둘째, 가사가 없는 클래식이나 백색소음을 들으면서 공부하는 방법이다. 클래식이나 일정한 주파수가 흘러나오는 백색소음이 뇌의 활동에 도움을 준다는 연구 결과도 있다. 오히려 음악이 공부에 도움을 주는 경우다. 나는 워낙 가요를 좋아해서 나와는 잘 맞지 않았다.

셋째, 음악 없이 공부를 지금껏 잘해온 사람이라면 굳이 음악 공부법을 시행하지 않아도 된다. 뭐든지 본인에게 맞는 방법을 찾아서 즐겁게 공부하면 된다.

우주 공부법

우주의 법칙을 공부에 적용한다고?

공을 굴리면 공이 굴러가고, 다이빙을 하면 몸이 아래로 떨어지듯이 세상의 모든 일은 자연의 법칙, 즉 우주의 법칙에 따라 흘러가게 되어 있다. 더불어 세상의 모든 일은 자연의 법칙과 흐름을 따랐을 때 더 효율이 나고 술술 풀리면서 궁극적으로 목표한 바를 쉽게 이룰 수 있다.

여기서 영감을 받아 내가 개발한 공부법 하나를 소개한다. 이름하여 '우주 공부법'인데, 뉴턴 운동 제1법칙을 적용한 공부법이다. 뉴턴 운동 제1법칙이라고 하니 벌써부터 머리 아프다고 느낄 수 있다. 하나도 안 어려우니까 그냥 편하게 따라해 보길 바란다.

뉴턴 운동 제1법칙의 사전적 의미는 '외부에서 힘이 가해지지 않는 한 모든 물체는 자기의 상태를 그대로 유지하려고 한다'는 것이다. 쉽게 말하면, 옆에서 누가 건드리지 않으면 자기가 하던 것을 계속한다는 소리다. 흔히 '관성의 법칙'이라고도 불리는데, 인간의 습성도 그렇다.

가령, 친구랑 카페에서 30분만 수다를 떨려고 했는데 한두 시간이 금방 갔다거나 주말에 침대에 누워 조금만 쉬려고 했는데 종일 쉬어버린 경험이 있을 것이다.

이러한 인간의 행동 습성과 물체의 운동을 지배하는 법칙, 즉 우주의 법칙을 공부에 적용한 게 바로 우주 공부법이다. 순공 시간을 확보하는 건 언제나 어렵다. 하지만 우주 공부법의 도움을 받을 수만 있다면 순공 시간을 자연스럽게 확보할 수 있다.

계획보다 더 공부할 수 있게 해주는 우주 공부법

이 공부법의 핵심은 간단하다. 보통 공부를 시작할 때 '오늘은 어디까지 해야겠다.' 같은 계획을 세우는데, 주위 친구들이나 내가 가르쳤던 학생들의 계획을 보면 전부 똑같았다. 공부 목표 범위를 상당히 깔끔하게, 정말 딱 떨어지게 세운다. 예를 들어 한 과목이 1~5단원으로 이루어져 있다면 '오늘은 2단원까지 해야겠다'라는 식의 계획이다. 뭔가 보기도 좋고 깔끔하다. 그리고 목표한 2단원까지 끝내면 성취감도 든다. 공부를 다 했으니 이제 집에 간다.

하지만 나는 이런 깔끔한 계획을 세우지 않는다. 아니 엄밀히 말하면 2단원까지 목표를 잡는다 해도 약간 다르게 계획을 세운다. 일단 2단원까지 공부하고 3단원 챕터1, 즉 그다음 단원의 일부를 조금 더 보고 공부를 끝낸다고 계획한다. 이 계획은 생각보다 엄청난 힘을 발휘한다.

일단 계획에 부담이 별로 없다. 2단원까지만 하려고 했던 사람도 3단원의 앞 부분을 조금 더 보는 건 크게 어려운 일이 아니다. 이미 공부라는 행위를 지속하고 있었기 때문이다. 만약 3단원 챕터1까지 보는 게 부담스럽다면 3단원에서 한두 쪽만 더, 아니면 반쪽이라도 더 보고 가겠다는 마인드도 좋다.

근데 막상 3단원의 앞 부분까지 보면 바로 '관성'이 등장한다. "기왕 한 거, 조금만 더 하다 가자. 조금만 더… 조금만 더…" 이러다 챕터2, 챕터3까지도 보고 마무리할 수 있다. 물론 3단원을 전부 끝낼 수는 없을 것이다. 만약 3단원까지 끝낼 수 있는데 2단원까지만 하겠다고 계획을 세웠다면 이미 망한 계획이라는 뜻이다.

계획은 그걸 제대로 실천했다는 가정하에 고득점을 받거나 또는 합격할 수 있을 정도로 타이트하게 세우는 게 기본 전제다. 예를 들어 보통 2단원까지 공부할 수 있는 사람이 2단원까지로 계획을 세우더라도 3단원까지 조금이라도 더 공부하도록 만드는 게 우주 공부법의 핵심이다.

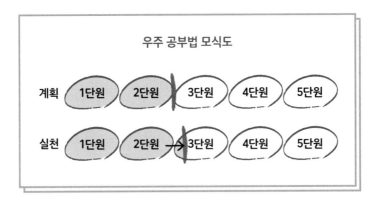

우주 공부법은 뇌 사용 측면에서도 효과적이다. 다음날 같은 과목을 공부할 때 3단원의 챕터1까지 봤든, 챕터2까지 봤든 3단원이라는 주제에 대해 어느 정도 인지한 상태로 시작할

수 있다.

또한 자면서 우리 뇌가 무의식적으로 3단원에 대해 생각한다. 다음날 처음 3단원을 보는 것보다 하던 걸 계속 하는 기분으로 가볍게 시작해 공부에 탄력을 받아 빠르게 진도를 뺄수 있다.

구체적인 시나리오를 그려보자. 오늘은 A과목의 2단원까지 보기로 한 날이다. 방학이라 아침 9시부터 저녁 9시까지 공부하기로 다짐했고, 저녁 8시 50분에 목표한 부분까지 공부를 완료할 수 있었다. 보통 사람들은 이제 슬슬 가방을 싸고 휴대폰을 좀 만지며 갈 준비를 한다. 하지만 우리는 여기서 우주 공부법을 적용하기로 했으니 3단원 앞 부분을 조금만 더보고 가자.

3단원을 보다 보니 생각보다 내용이 흥미롭다. 9시가 됐지만 '조금만 더, 조금만 더' 하면서 계속 읽는다. 목표한 분량 이상으로 보고 있다는 생각에 괜시리 뿌듯함과 성취감도 몰려온다. 좋은 기분으로 공부하다 보니 어느새 10시가 넘었다. 순공 시간을 1시간 이상 더 확보했다.

이런 식으로 남은 단원들도 남들보다 빠른 속도로 진도를 쭉쭉 빼면 그만큼 당신의 성적도 빛의 속도로 올라간다.

성적이 블랙홀로 빨려 들어가지 않으려면

2단원까지 공부한 다음날 3단원을 보려고 빳빳한 책을 펼치면 한숨부터 나오지 않는가? 왠지 휴대폰도 보고 싶고 딴짓도 하고 싶어진다. 그리고 실제로 그렇게 된다. 3단원을 안 봤다는 사실, 그 자체가 관성이 되는 것이다.

하지만 약간이라도 진도가 나가 있으면 심리적 장벽이 낮아져 이어서 공부하기 쉽다. 물론 인간은 망각의 동물이기 때문에 전날 본 것을 빠르게 스캔하고 시작하는 게 효율적이다. 인간의 심리적인 면과 뇌의 특성까지 종합적으로 고려해 봤을 때 우주 공부법을 적용하지 않았을 때보다 3단원에 쏟게 될 시간이 절대적으로 적어진다고 장담할 수 있다.

공부에 있어서만큼은 쿨하게 끝낼 생각을 하지 말자. 헤어지기 싫은 연인을 붙잡는 것처럼 조금이라도 더 질척거리고 찌질하게 굴어라. 공부에 집착할수록 당신의 인생은 그만큼 더 쿨하고 멋져질 것이다.

• 04 •

수면 공부법

수면 공부법, 어떻게 탄생하게 된 걸까?

이번에는 연세대학교 공대를 과 수석으로 졸업하는 데 가장 크게 일조했던 공부법을 소개하고자 한다. 공부법 설명에 앞서 내가 어떻게 이 공부법을 개발하게 되었는지 배경부터 말하고 싶다.

나는 어느 순간부터 과 누적 성적이 1등으로 찍혀 있었고 이 성적을 유지해서 졸업까지 하고 싶은 욕심이 있었다. 그래서 무작정 공부를 열심히 하기보다는 실질적인 전략에 대해 생각하기 시작했다. 어떤 큰 목표를 이루고자 할 때는 그 목표를 달성할 수 있게 하는 여러 개의 작은 목표가 필요하다. 그리고 그 작은 목표들을 하나하나씩 달성해 나가는 게 가장 합리적인 방법이다.

과 수석으로 졸업을 하기 위해선 과에서 가장 높은 학점으로 졸업해야 한다. 과에서 가장 높은 학점이라면 그동안의 학년 전체 성적, 즉 8학기의 누적 성적이 가장 높아야 한다는 의미다. 8학기의 누적 성적이 가장 높기 위해선 매 학기의 성적이 가능한 한 높아야 하고, 1학기의 성적이 가능한 한 높으려면 1학기를 구성하는 과목들의 학점이 최대한 높아야 한다. 1학기를 구성하는 과목은 보통 여섯 과목이니 여섯 과목모두 A가 나오면 된다. 학점은 보통 상대평가로 부여되니까 A학점을 받기 위해선 상위 30% 이내에 들어야 한다. 즉, 1학기에 듣는 여섯 과목 모두 성적 상위 30% 이내에 드는 것을 목표로 삼는다는 결론이 나왔다.

사실 내가 남들과 차별화될 수 있고 수석 졸업이라는 목표를 달성할 수 있었던 이유도 여기에 있다. 구체적인 목표를 설정하고 그에 맞는 전략을 세워 실천한 것이다. 대부분의 동기들은 자기가 잘하는 한두 과목에서 A를 받고, 적당히 공부한 두세 과목은 B, 좀 하기 싫거나 망한 과목은 C를 받는 게 보통이었으니까 말이다.

수석을 위한 구체적인 목표와 전략을 수립하다

나는 모든 과목에서 A, 즉 모든에서 과목 상위 30% 이내에 드는 것을 목표로 잡았기 때문에 이 여섯 과목의 공부 시간을 어떻게 분배하느냐가 가장 큰 문제로 다가올 수밖에 없었다. 시간 분배에 조금이라도 실패하면 다섯 과목이 A가 나오고 한 과목이 B가 나올 수 있다. 나에게 주어진 시간은 하루 24시간인데 이 24시간을 열심히 쓰는 것만으로는 충분치 않았다. 어떤 식으로 시간을 써야 내 목표를 달성할 수 있는지에 대해 진지하게 고민했다.

며칠을 고민한 뒤 찾은 해결책은 이랬다. 남들이 책상에 앉아서 여섯 과목을 공부할 시간에 나는 네다섯 과목을 공부하면 어떨까? 당연히 한 과목당 배분되는 시간이 많으니까 성적이 더 잘 나올 수 있겠지? 그럼 나머지 한두 과목을 책상이 아닌 다른 곳에서 마스터할 수 있는 방법을 찾아야 한다. 아니, 어떻게 보면 이게 선행되어야 이 방법이 성공하는 것이다.

내가 찾은 곳은 침대였다. 결론부터 말하면 잠자기 30분 전과 기상 후 30분을 침대에 누워서 미리 정한 한두 과목만 주구장창 보았다.

그래서 이름을 '수면 공부법'이라 붙였다. 수면 공부법으로 공부할 과목을 선정하는 기준은 다음과 같다. 첫째, 손을 쓰지 않아도 되는 단순 암기 과목으로 정한다. 수학처럼 계산을 많이 해야 하는 과목은 침대에서 공부하기 힘들다. 암산 정도야 할 수 있겠지만 기본적으로 펜을 쓰면서 공부하는 과목은 추천하지 않는다. 눈으로 읽으면서 머리에 넣을 수 있는 과목으로 택한다.

둘째, 교과서가 아닌 요약본이나 프린트물만 봐도 되는 과목으로 정한다. 강의 노트가 PPT로 인쇄되어 눈으로만 봐도 된다거나 따로 종이에 요약해 놓았던 것들도 가능하다. 교과서처럼 두꺼운 책을 봐야 하는 과목은 누워서 들고 있기 힘들 뿐만 아니라 조금만 졸아도 얼굴 쪽으로 책이 쓰러져 다칠 수 있기에 추천하지 않는다.

남들보다 먼저 시작하면
침대에서 공부해도 수석이 가능하다

이 공부법은 학기 초, 첫 번째 강의 자료가 나오기 시작할 때부터 바로 시작해야 한다. 시험 기간에 시작하면 이미 공부할 분량은 방대해져 있고 마음은 조급해져서 제대로 공부를 할 수가 없다.

수면 공부법의 핵심은 잠자기 전과 일어난 후에 가벼운 마음으로 자료를 읽어나가는 것이다. 그렇게 하루하루가 쌓이면 시험 기간이 왔을 때 이미 한두 과목 정도는 머릿속에 완벽히 박혀 책상에 앉아 따로 공부를 하지 않아도 될 경지에 이른다.

나는 매 학기 이 공부법으로 두 과목 정도는 책상에서 책한 번 안 펴보고 무조건 A를 확보했다. 안 믿길 수도 있다. 하지만 곰곰이 생각해 보자. 3월 2일에 개강하고 첫 수업 자료를 프린트물로 뽑아 자기 전 30분, 기상 후 30분씩 하루 1시간을 읽는다. 일주일로 치면 7시간을 확보한 것이다. 중간고

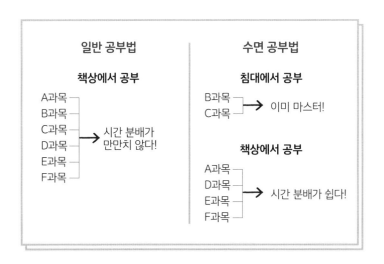

사가 보통 4월 말이니, 50일을 실천했다고 하면 이미 50시간
을 두 과목에 투자한 셈이다.

대부분의 학생이 시험 1~2주 전부터 여섯 과목 정도를 공
부하는데 한 과목에만 그렇게 수십 시간을 몰아서 공부할 시
간이 있을까? 매우 어려운 일이다. 반면에 수면 공부법으로
이미 한두 과목을 마스터한 상태에서 나머지 네 과목만 열심
히 하면 되니 전 과목 A를 받을 수 있는 구조가 이미 만들어
진 것이다.

우주 공부법에서도 언급했듯 사람의 행동에는 관성이라
는 게 작용할 수밖에 없다. 30분만 누워서 공부 자료를 보겠
다고 마음먹고 시작했어도 어느새 1시간 이상 계속 공부하고
있는 자신을 발견할 것이다.

수면 공부법에 대한 의심은 여기서 접어라

"자기 전이나 기상 직후에 침대에서 공부하면 바로 잠들
것 같은데 이거 효과가 있는 게 맞아요?"라고 묻는 사람들이
있다. 당연히 효과가 있다. 심지어 잠이 들어도 상관없다. 수
면 공부법은 일종의 보너스 시간 같은 것이다. 역발상으로 시

험에 대한 걱정이나 기타 스트레스로 잠이 안 올 때 잠을 자기 위한 수단으로 활용할 수도 있다. 잠이 오면 그것대로 좋은 것이고 잠이 안 오면 공부를 그만큼 더 할 수 있으니 좋은 것이다.

아침에 일어났을 때 집중력이 가장 높아지기도 하고, 자기 직전에 한 공부가 효율이 좋다는 연구 결과도 있다. 자기 직전과 일어난 직후가 공부하기에는 최적의 상태로 볼 수 있으니 실제 공부 시간이 많지 않다 해도 짧게나마 읽었던 내용들이 당신의 뇌에 팍팍 박힐 것이다.

2012년 미국 노트르담대학교 연구팀은 취침 전에 단어를 암기한 집단이 다른 시간대에 암기를 진행한 집단보다 기억의 효율이 더 좋다는 사실을 밝혀냈다. 이는 수면의 기능과 연관이 있는데, 잠을 자는 동안 우리 뇌는 필요한 기억들을 정리해 장기 기억의 저장소로 보내는 과정을 거치기 때문이다. 따라서 암기 후 잠에 들면 기억력이 오래 유지될 수 있다.

침대 밖은 위험하다는 말도 있지 않은가. 침대 밖에서 무슨 일이 일어날지 모르니 눈을 뜨자마자 일단 스탠드를 켜고 공부를 시작하자. 자료에 손만 뻗으면 된다. 어느 정도 공부를 하다 보면 잠도 깨서 하루를 시작하기 수월해지는 장점도 있다.

집중력 강화법

집중력을 향상시키려면?

　순공 시간을 확보하는 다양한 공부법을 실천한다 해도 그 시간 동안 집중하지 않으면 아무런 의미가 없다. 진정한 순공 시간 확보는 집중력 유지 능력에서 결정된다. 행동뿐만 아니라 생각마저 컨트롤할 수 있는 집중력 강화법에 대해 소개하려고 한다.

　우리의 집중력을 방해하는 요소에는 물리적·정신적 요소가 있다. 물리적인 요소는 말 그대로 실제 시간을 뺏는 행위다. 카카오톡으로 친구랑 잡담하기, 유튜브나 인스타그램 보기 등 스마트폰을 만지작거리는 게 대표적이다. 정신적인 요소는 눈으로는 책을 보고 있어도 머리로는 딴생각을 하거나 멍을 때리는 행위 등을 말한다. 지금부터 설명할 집중법은 이 두 가지 요소를 모두 차단하는 방법이다.

바로 '집중과 보상'이다. 기본 컨셉은 다음과 같다. 공부에 온전히 집중하는 시간과 이어서 딴짓을 허락하는 보상의 시간을 정해 활용하는 것이다.

딴짓에는 물리적·정신적 요소를 모두 포함한다. 당연한 얘기지만 집중의 시간은 되도록 길게, 보상의 시간은 되도록 짧게 잡아야 한다.

보상의 시간이 있기에 집중의 시간이 즐겁다

먼저 집중의 시간을 50분 또는 1시간으로 세팅한다(이하 1시간 기준으로 설명). 보상의 시간은 10분으로 잡는다. 집중의 시간에는 오로지 공부만 하겠다고 나 자신과 약속한다. 유튜브 보기, 채팅 하기, SNS 하기 등 그 어떤 것도 안 된다. 이런 물리적인 요소는 공부를 잘하고 싶다는 의지만 있으면 어느 정도 차단이 가능하다.

문제는 정신적인 요소를 차단하는 건데, 이것도 방법이 있다. 세팅한 시간 내에서 스멀스멀 딴생각이 기어나올 때 본인에게 속으로 말하는 것이다. '보상의 시간이 얼마 안 남았으니 딴생각마저도 그때 몰아서 하자.'

이게 마음대로 안 될 것 같지만 신기하게도 딱 하루이틀만 훈련하면 가능해진다. 할당된 1시간의 집중 시간 중 이미 수십 분은 공부에 투자한 상태이고 보상의 시간까지 10~20분밖에 남지 않았으니 이 정도는 누구나 참을 수 있다.

온전히 1시간을 집중했는가? 보상의 시간이 왔다. 이제 당신의 시간이다. 아까 못했던 딴생각을 마음껏 하자.

나도 밖에서 공부를 할 때면 집에서 키우고 있는 식물 생각이 종종 스멀스멀 기어나왔다. 식물이 잘 자라고 있는지, 광합성은 잘하고 있는지, 이파리가 가렵지는 않은지, 벌레가 괴롭히고 있진 않은지 항상 염려스러웠다.

농담이고, 어쨌든 이런 쓸데없는 생각과 공부 외에 해야 하는 실질적인 고민까지 모두 포함하여 보상의 시간에 몰아서 한다. 보상의 시간을 마음껏 만끽하라.

순공 시간을 극대화하는 집중과 보상 활용법

여기서 추가로 순공 시간을 극대화할 수 있는 방법이 있다. 우주 공부법(147쪽)의 원칙을 적용하는 것이다. 혹시 아직 우주 공부법을 읽지 않았다면 우주 공부법을 먼저 읽고 오기를 바란다.

인간의 모든 행동에는 관성이 있다. 한번 딴생각을 하기 시작하거나 친구와 메시지를 주고받기 시작하면 멈추기가 상당히 힘들다. 마찬가지로 공부도 한번 시작하면 그 흐름을 타고 계속해서 집중하기가 쉬워진다. 그래서 여기에 다음과 같은 제약을 걸어둔다.

집중의 시간은 1시간 이상, 보상의 시간은 10분 미만. 보상의 시간은 10분을 절대 넘기지 않는다는 제약이다. 9분 59초는 괜찮다. 10분 1초는 안 된다. 9분 정도 지났는데 5분짜리 유튜브 튼다? 안 된다. 10분은 절대 넘지 않는다는 원칙을 철저히 지킨다. 보상의 시간을 3분 정도만 가졌는데도 딴짓하고 싶은 욕구가 해소되는 경우도 있다. 그럼 다시 집중의 시간을 가지면 된다.

집중의 시간에는 보상의 시간과 반대의 원칙이 적용된다. 세팅은 1시간이라고 했지만 실질적인 원칙은 1시간 이상이다. 59분 59초는 안 된다. 1시간 1분은 괜찮다. 우리의 몸과 정신은 관성의 법칙에 따르기 때문에 1시간을 넘기면 자신도 모르게 1시간 10분, 20분까지도 쭉 이어서 공부할 수 있다.

이런 의미에서 55분쯤 됐을 때 공부하던 과목을 바꾸는 체인지 공부법(131쪽)을 시전하는 것도 괜찮다. 새로운 과목이 눈에 들어오면 그 재미에 몇십 분 또는 그 이상으로 보상의 시간을 넘어 집중할 수도 있기 때문이다. 공부 시간을 늘리기 위해 이런 인위적인 개입을 하는 것은 좋은 응용 방법이다.

언제나 목적을 분명히 하자. 이 공부법은 10분을 쉬기 위해 하는 게 아니다. 1시간 이상을 집중하기 위한 것이다. 그리고 1시간 집중, 10분 보상이 성공했다면 이를 1세트라 명명하고 2세트는 '1시간 20분 집중, 10분 휴식'처럼 유동적으로 시간을 늘려보자.

2세트에서 1시간 20분을 집중하는 데 실패했다면 다시 3세트는 1시간 10분 집중, 10분 보상으로 세팅값을 변경하면 된다. 이런 식으로 몇 세트를 돌리다 보면 어느새 대부분의 시간을 공부에 집중한 하루를 보냈다는 걸 깨닫게 될 것이다.

그래도 집중 시간을 유지하기가 힘들다면?

공부가 익숙한 사람은 1시간 집중, 10분 휴식을 기준으로 집중과 보상을 실천하는 데 큰 어려움을 겪지 않을 것이다. 하지만 이제 막 공부를 시작하려는 사람이나 육체적·정신적 체력이 따라주지 않는 사람은 이마저도 실천하기 쉽지 않을 것이다. 그런 사람들을 위해 보다 더 쉽고, 지속 가능한 방법을 소개한다.

먼저 집중력의 유지를 도와주는 도구를 적극 활용해 보자. 도구라 하면 시계나 어플인데, 남은 시간을 확인하며 공부를 하는 것이다. 시계는 일반적으로 손목시계나 휴대폰 시계를 쓸 수도 있지만 구글 타임타이머 사용을 추천한다. 구글 타임타이머는 집중력을 유지하는 데 도움이 많이 된다. 남은 시간이 실시간으로 보이기 때문에 시간이 얼마 안 남았을 때는 조금만 더 참으면 된다는 생각으로 끝까지 집중할 수 있다.

혹여 구글 타임타이머를 사는 게 부담스럽다면 타이머 기능이 있는 어플을 사용하는 것도 가능하다. 'Focus To Do'와 '비주얼 타이머'를 추천한다.

뇌의 에너지 공급 상태를 주의 깊게 관찰하는 것도 중요하다. 수중에 남은 돈이 궁금할 때 계좌 잔고를 보면 명확한 잔

액을 알 수 있고 자동차의 남은 연료가 궁금할 때도 계기판을 보면 바로 알 수 있다. 하지만 본인의 집중력이 어느 정도 남았는지, 공부를 지속할 수 있는 뇌의 에너지가 얼마나 남았는지는 눈에 보이지 않기에 파악하기 어렵다. 즉, 본인의 상태를 진정으로 돌아볼 때만 파악이 가능하다는 말이다.

만약 집중의 시간 1시간, 보상의 시간 10분이 본인을 지치게 만든다는 생각이 든다면 세팅값을 조정할 필요가 있다. 이럴 땐 집중의 시간을 더 줄이고 보상의 시간을 늘리는 게 장기적으로 더 낫다. 어느 정도 이 공부법이 익숙해지면 그때 다시 집중의 시간을 늘리고 보상의 시간을 줄이면 된다.

나도 본과 시절에 한창 공부를 할 때는 집중의 시간을 1시간 혹은 그 이상으로 세팅해도 큰 무리가 없었다. 하지만 몇 년이 지난 지금은 1시간 일 또는 공부, 10분의 보상 루틴을 지속하면 체력적으로 무리가 간다고 느낀다. 그래서 요즘은 독서를 하거나 작업을 해야 할 때 집중의 시간은 30분, 보상의 시간은 5분으로 세팅해서 컨디션을 유지하고 있다.

집중의 시간 또는 보상의 시간에 관계 없이 멍한 느낌이나 지친 느낌이 든다면 억지로 이어 나가지 말고 바로 휴식의 시간을 부여하자.

휴식이라고 해서 거창한 건 아니다. 의자에 편안하게 앉아서 눈을 감는다거나, 자리에서 일어나 주변을 걸어 다닌다거나, 물 한잔 마시고 스트레칭한다거나 등의 휴식은 분명 효과적인 뇌의 휴식 방법이다. 길게도 아니고 60초 정도만 해도 효과가 있다고 알려져 있다. 너무 지쳤다는 걸 인지하는 순간 휴식 카드를 바로 꺼내고 총명한 머리로 집중력을 되찾길 바란다. 그래야 오래 공부할 수 있다.

4장

（효율）

공부 효율을
2배 올리는 방법

진짜 공부법

**공부법 책에 나오는 공부 천재들의 비법들,
당신은 따라할 수 있는가?**

나는 어렸을 때부터 공부 잘하는 법에 관심이 많았기 때문에 공부법에 대한 여러 책들을 읽었다. 근데 살펴보면 패턴이 항상 똑같았다.

우선 공부를 잘하는 학생이 한 명이 등장한다. 처음엔 공부를 못했지만 나중엔 잘하게 될 사람이다. 하루에 12시간 이상 공부를 하고 3회독은 기본에, 보통 5회독, 심지어 10회독을 했다는 사람도 심심치 않게 등장한다.

하루 12시간 이상을 공부하고 이론을 10회독 이상 꾸준히 한다면 시험은 무조건 잘 볼 수밖에 없다. 혹자는 10회독을 하면 머릿속에 완전하게 남는다고 말한다. 사실 맞는 얘기다. 그래도 우리는 못한다. 저기 서울대 가고, 의대 가고, 행정고시 합격한 사람들은 했는데 우리는 못한다. 왜냐고?

못 따라하니까.

당신은 하루에 12시간 이상씩 최소 2년을 공부에 올인할 수 있는가? 나도 못한다. 물론 공부한 '척'은 할 수 있다. 12시간 이상 책상에 앉아 있을 순 있지만 그 시간 동안 온전히 공부할 수는 없다. 실제로 집중한 건 5시간도 안 될 것이다. 합격하는 공부를 하려면 효율적이어야 한다. 12시간 내내 집중하는 게 어렵다는 것을 아니까 실제로 공부하는 시간을 최대한 효율적으로 활용해야 한다.

앞에서는 절대적인 순공 시간을 끌어올리는 법을 살펴봤다면 이번 장에서는 본격적으로 '공부의 효율을 높이는 방법'을 소개하려고 한다. 그 중심에는 지금부터 이야기하는 '진짜 공부법'이 있다. 시험에 나올 것만 공부할 수 있는 능력이 합격 당락을 결정짓는 '진짜' 공부다.

진짜 공부법 vs. 가짜 공부법

진짜 공부법과 가짜 공부법의 차이는 뭘까? 결론부터 말하면 진짜 공부법은 욕심을 줄이는 것이고, 가짜 공부법은 욕심을 부리는 것이다. 좀 더 쉽게 설명하자면 가짜 공부법은 욕심을 부려서 '아는 것을 점점 늘려나가는 공부법'이다.

'아는 것을 점점 늘려나가면 좋은 것 아닌가?'라고 생각할 수도 있겠다. 학문을 위한 공부에서는 좋을지 몰라도 합격을 위한 공부에서는 좋은 방법이 아니다. 앞에서 말하지 않았는가. 우리는 12시간 내내 집중해서 공부할 수 없다고. 한정된 시간에 공부할 분량만 늘려간다면 더 중요한 내용을 복습할 시간이 없어진다.

따라서 우리는 욕심을 덜고 진짜 공부법을 실천해야 한다. 진짜 공부법이란 '모르는 것을 없애나가는 공부법'이다. 여기서 질문이 하나 더 들어올 것 같다. "아는 것을 늘려나가는 거랑 모르는 것을 없애나가는 건 같은 소리 아닌가?" 결론부터 말하면 아니다. 진짜 공부법에는 전제가 하나 추가로 붙기 때문인데, 이렇게 정리할 수 있다. **'시험에 나올 만한 범위 중에서'** 모르는 것을 없애나간다.

시험에 나오는 것만 공부하는 법

예를 들어 전체 시험 범위를 100, 시험에 나올 만한 내용을 60이라고 했을 때 우리는 이 60 안에서 모르는 것을 없애나가는 공부를 해야 한다. 가짜 공부를 하는 사람들은 이 60에 대한 고민은 안 하고 시험 범위의 첫 장부터 열심히 읽어나가기 시작한다. 반면 진짜 공부법을 체득한 사람은 시험에 나올 만한 것 위주로 여러 번 읽은 뒤 공부에 들어간다.

시험 범위가 적으면 이 두 공부법에서 나오는 차이는 거의 없다. 둘 다 시험에 나올 만한 것을 여러 번 보고 들어가는 건 똑같기 때문이다. 그런데 범위가 감당할 수 없을 정도로 많다면? 이게 수능이고, 공무원 시험이고, 국가고시라면? 방향을 조금만 잘못 잡으면 합격은 물 건너간다.

그렇다면 시험에 나올 만한 건 어떤 것일까? 첫째는 기출문제, 둘째는 선생님이 수업에서 강조하는 것, 셋째는 문제집에서 공통적으로 반복해서 나오는 문제들이다. 이 세 가지를 좀 더 자세하게 설명하겠다.

기출문제 활용하기

먼저 오늘 공부하려는 부분의 이론서와 기출문제집을 나

란히 편다. 본인의 배경지식 여부에 따라 기출문제집을 먼저 풀 수 있다면 풀어보고, 아는 것이 거의 없다면 문제를 풀지 않고 다음 과정을 진행해도 무방하다.

먼저 각 기출문제에 나온 내용을 이론서에 해당되는 부분과 매칭시켜 1차로 표시한다. 그다음 기출문제의 문제와 보기 내용에 매칭되는 부분을 찾아 다른 색깔의 펜을 활용해 2차로 표시한다.

이 과정을 통해 이론서에 해당되는 내용이 문제로 어떻게 변환되는지 메커니즘을 파악할 수 있다. 그뿐만 아니라 추후 회독수가 늘어감에 따라 중요한 부분이 무엇인지 인지한 상태에서 읽기 때문에 훨씬 효율 높은 공부를 할 수 있다.

수업에서 강조하는 내용 캐치하기

다음은 선생님이 수업에서 강조하는 것을 캐치하는 방법이다. 명확하게 중요한 개념이 나올 때마다 누구나 알 정도로 강조하는 선생님을 만나면 참 좋겠지만 문제는 모든 선생님이 그렇게 친절하지만은 않다는 점이다. 이럴 때는 본인이 스스로 노력해서 그 뉘앙스를 간파해야 한다. 이에 관한 몇 가지 팁을 소개한다.

수업하는 선생님 모습을 자세히 관찰해 보면 수업에 리듬

기출문제를 이론서에 표시하는 방법

기출문제집

이론서 (1차 표시)

문제.

보기.

1. _____
2. _____
3. _____
4. _____
5. _____

→

기출문제집

이론서 (2차 표시)

문제. _____

보기.

1. _____
2. _____
3. _____
4. _____
5. _____

→

이라는 것이 존재하는 걸 알 수 있다. 이 리듬에는 진도를 나가는 말의 속도, 어조, 분위기 등 모든 것이 포함된다. 그러다 중간에 분명 수업 흐름이 잠시 끊어지는 구간이 존재한다. 질문을 받기 위해 잠시 수업을 멈추거나 책이나, 노트를 펼치거나, 생각에 잠기는 구간이다.

우리는 바로 이 구간에 주목해야 한다. 주요 개념의 설명이 끝나고 다음 주요 개념 설명이 들어가는 과도기를 의미하기 때문이다. 따라서 이 과도기를 스스로 캐치하고 다음 주요 개념을 받아들일 준비를 해야 한다.

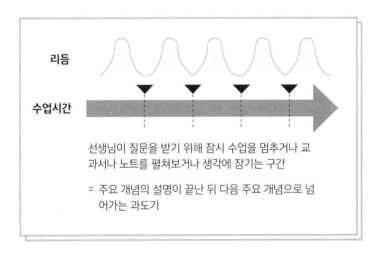

선생님이 질문을 받기 위해 잠시 수업을 멈추거나 교과서나 노트를 펼쳐보거나 생각에 잠기는 구간

= 주요 개념의 설명이 끝난 뒤 다음 주요 개념으로 넘어가는 과도기

반복해서 나오는 문제 파악하기

문제집에서 공통적으로 반복해서 나오는 문제에 담긴 이론을 집중적으로 공부하는 방법이다. 시험에 나올 만한 내용 중에서 모르는 것을 충분히 줄여놨다면 이제는 아는 것을 늘려나가도 좋은 타이밍이다. 이때는 시중에서 유명한 문제집, 그중에서도 본인의 눈에 가장 잘 들어오는 것을 택해 문제를 풀면 된다. 이미 기출을 통해 상당한 지식이 머릿속에 있으므로 많은 문제를 맞힐 수 있을 것이다. 공통적으로 나오는 문제는 대부분 기출을 베이스로 한 문제들이기 때문이다.

그럼에도 자꾸 틀리는 부분을 발견한다면 기출문제를 이론서에 표시한 것과 같은 방식으로 처리한다. 약점을 보완하는 과정이다. 진정한 공부 고수들이 문제부터 보고 이론을 공부하라고 강조하는 것도 약점을 보완하라는 뜻이다.

열심히 공부하지만 성적이 안 오르는 당신, 혹시 지금까지 가짜 공부를 하고 있지는 않았는지 되돌아보길 바란다. 오늘부터라도 진짜 공부법으로 합격하는 공부를 해보자.

기출 분석법

기출이 중요한 진짜 이유

모든 공부는 기출에서 시작해서 기출로 끝난다고 해도 과언이 아니다. 기출을 얼마나 잘 다루느냐에 따라 당신의 합격이 결정된다고 볼 수 있다. 여기에서는 기출의 모든 것을 다뤄보겠다.

기출이 중요한 이유는 기출문제의 본질을 따져보면 쉽게 이해할 수 있다. 시험의 근본적인 목적은 합격자를 가려내는 것이다. 따라서 출제기관 입장에서는 시험의 범위와 난이도, 방향성 측면에서 어느 정도의 일관성을 유지할 수밖에 없다.

시험의 근본적인 목적이 합격자를 가려내는 것이라면 시험 문제의 본질은 무엇일까? 가치 있는 시험 문제를 출제해서 제대로 된 합격자를 가려내기 위해서는 엄청난 시간과 자원이 들어간다. 수능만 하더라도 수백 명의 대학 교수와 고등학교 교사가 한 달여간 심혈을 기울여 만든다. 정확성, 난이도, 논리성에 있어 시중에 나온 그 어떤 문제들보다 완벽에 가까운 문제들이라는 뜻이다.

공무원 시험이나 의·치대 국가고시도 검증된 출제의원만 한정적으로 들어가 문제를 만들 수 있기 때문에 매년 창의적인 문제를 내긴 어려울 것이다. 실제로 출제위원들은 기출문제를 변형해서 문제를 출제하는 경우가 다반사다.

즉 기출문제는 시험의 목적에 가장 걸맞는 수준 높은 문제이면서 난이도도 적절한, 출제 가능성이 가장 높은 문제들이라는 것이다.

이런 황금 같은 문제들을 두고 다른 데 시간과 에너지를 쏟을 이유가 있을까?

기출에서 내가 진정 얻어야 할 것

기출문제가 얼마나 중요한지 알았으니 기출에서 얻어야 하는 것에 대해 알아보자. "기출을 풀었는데 점수가 안 올라요!" 하고 하소연하는 친구들이 있다. 그건 기출에 나오는 '문제와 답'에만 집중했기 때문이다. 어떤 게 정답이고 어떤 게 모범 답안인지 외우는 게 기출 분석이 아니다. 기출 문제를 풀고 뭔가를 남길 줄 알아야 한다는 소리다. 그럼 어떤 걸 남겨야 할까?

기출을 풀면서 우리는 크게 두 가지를 남겨야 한다. 거시적인 것과 미시적인 것이다. 거시적인 것은 이 시험, 이 과목, 이 문제를 통해 나에게서 측정하고자 하는 능력이 무엇인지 그 본질을 파악하는 것이다. 다른 말로 '출제자의 의도'라고 하는데, 항상 이 부분은 대전제로 깔고 가야 한다. 이런 질문과 답을 찾아갈수록 과목을 막론하고 공부 내공이 쌓이는 걸 느낄 수 있다.

미시적인 건 출제빈도, 출제유형, 정답 논리로 나눌 수 있다. 출제빈도는 말 그대로 이 개념이 몇 년에 한 번씩 나오는지를 살펴보는 것이다. 극단적으로 작년에 나온 문제가 올해에 나오는지 판단하려면 재작년에 나온 문제가 작년에 나왔는지, 재작년에 나온 문제가 그 전년도에 나왔는지 직접 찾아보면 된다.

단기 시험을 제외한 장기 시험에서는 최근 몇 년 기출문제는 시험에 나오지 않는다고 표면적으로 명시한다. 하지만 자세히 살펴보면 절대 그렇지 않다. 문제는 똑같지 않더라도 분명 중요한 개념은 어떤 형태로든 출제된다. 즉 같은 소스 안에서 문제가 나온다는 의미로 이해하면 된다.

출제유형은 이론서의 내용이 어떤 식으로 문제로 출제되는지를 분석하는 것이다. 가령, '이 시험, 이 과목은 그래프 분석 문제가 주기적으로 출제되는구나.' '재작년에는 이 개념에서, 작년에는 저 개념에서 문제가 나왔고 개념들을 그래프 문제로 출제할 때는 이런 방식으로 질문을 던지는구나.' 등 출제유형에 대한 감을 잡는다.

흔히 쓰이는 출제 방법 중 하나가 동일한 문제 유형에 다른 개념을 결합시켜서 새로운 문제를 창조하는 방식이다. 즉, 개념이 문제로 변환하는 메커니즘을 이해한다면 새로운 문제가 나와도 당황하지 않고 접근할 수 있다는 소리다.

개념 또는 답이 어떻게 문제로 변환되는지를 파악하는 과정이 출제유형이라면 정답 논리는 그 반대다. 문제에서 답을 찾아가는지 과정을 분석하는 것이다. 기출문제를 풀다가 틀렸다면 어떤 부분이 부족해서 틀렸는지 철저하게 분석한다. 질문 자체가 이해되지 않았는지, 제시문에서 모르는 개념이 있었는지, 보기에서 모르는 개념이 있었는지 등을 살핀다.

예를 들어 영어 시험이었다면 단어가 부족해서 틀린 건지, 문법이 부족해서 틀린 건지 등 문제에서 정답으로 이어지는 논리 중에 내가 부족한 부분이 무엇인지 철저하게 찾아낸 뒤 해당 부분의 특강을 듣든 기본서를 파든 해서 약점을 보강한다.

기출을 제대로 분석하는 법

그럼 이제 본격 기출 분석법을 알아보겠다. 기출 분석의 전제는 우선순위를 파악하는 것이다. 우선순위에는 객관적 우선순위와 주관적 우선순위가 있다. 앞에서 소개한 진짜 공부법(171쪽)에서 전체 시험 범위가 100이라고 했을 때 진짜 공부를 하기 위해선 시험에 나올 만한 60에서 모르는 것을 없애나가라고 했다. 이 60의 대부분은 기출문제가 차지한다. 정확히 말하면 기출문제에서 말하는 이론들이다.

기출문제를 싹 풀었다고 가정해 보자. 틀린 문제와 맞힌 문제로 나뉠 것이다. 틀린 문제가 내가 모르는 부분이고, 공부해야 할 1순위다. 2순위는 문제는 맞혔지만 중요하게 알아야 하는 개념이다. 객관적으로 중요한 부분은 정해져 있기에 1순위를 완벽하게 공부한다면 2순위 공부할 양이 줄어든다. 그럼 3순위는 무엇일까? 기출에 나오지 않는 지엽적인 부분이다. 10년 동안 딱 한두 번 출제된 개념들, 모의고사나 심화 이론서에만 나오는 내용들이다.

기출 분석의 기본 컨셉을 이해했으니 자세히 분석해 보자. 기출 분석은 1회독과 2회독 이상으로 나눠서 설명할 수 있다. 1회독의 핵심은 최대한 빠르게 읽고 넘어가는 것이다. 어떤 유형의 문제가 나오고 큰 틀에서 주로 어떤 범위에서 나오는지 감만 잡는 게 포인트다. 어떤 시험, 어떤 과목이 됐든 1회독에 투자하는 시간은 일주일을 넘기지 말자. 일주일이 넘어가면 속도를 올려서 더 빠르게 봐야 한다.

2회독부터는 제대로 볼 차례다. 보통 문제는 ① 질문 ② 제시문 ③ 보기로 구성되어 있다(제시문이 없는 경우도 있다). 문제를 풀고 채점을 한 뒤 정답 유무에 상관없이 그 문제를 분석해야 한다. 이유는 그 문제에 나오는 모든 개념을 100% 알고 있을 확률이 적기 때문이다.

모르는 것을 없애나가기 위해선 모르는 것을 먼저 표시하는 것이 첫 번째다. 제시문에 모르거나 헷갈리는 개념이 나왔다면 바로 체크한다. 보기 중에 모르는 개념이 있어도 역시 바로 체크한다. 모르는 개념을 다 표시했다면 해설지를 편다. 해설지에는 보통 추가 설명이 나오는데, 이론서에 나오는 해당 개념을 옮겨 놨을 것이다. 이 추가 설명에 나오는 걸 다 외우라는 말은 당연히 아니다. 문제와 보기에 나온 개념들을 모두 외우고 해설에 있는 추가 개념 중 외울 것을 선별한다. 기출 회독을 반복하면서 나오는 개념만을 외우는 것이다.

　예시를 보면 쉽게 이해가 된다. 다음은 실제로 내가 봤던 전문의 시험 기출문제다.

36. Serotonin과 관계 없는 약물은?

① Clonazepam
② MAO inhibitor
③ SNRI
④ SSRI

　이 문제의 정답은 ①인데 관련이 없는 걸 골라야 하는 문제이니 관련 있는 나머지 3개는 당연히 외워야 한다. 추후에 어떤 식으로든 변형되어 나올 수 있는 키워드들이다.

그리고 해설로 넘어가서 보기 외에 추가 키워드들이 언급된 부분에 표시하면 다음과 같다.

답: Clonazepam

해설

① Clonazepam은 **benzodiazepine**계 **antianxiety drug**의 하나로, **GABA 수용기** 안에 특수한 결합부위가 있어 GABA가 개재되는 과정을 간접적으로 방해하는 것으로 알려져 있지만 기전이 완전히 밝혀지지 않음.

② MAO inhibitor는 비선택적으로 serotonin, **norepinephrine dopamine**의 분해를 억제

③ SSRI는 serotonin 선택적 재흡수 억제

④ SNRI는 serotonin, **norepinephrine** 재흡수 억제

* 항우울제는 모두 serotonin과 관련 있다.

어떤 걸 외우고 넘어갈까 선택하는 기준은 기출을 여러 번 돌리면서 결정한다. 보기 키워드와 관련지어 계속 나오는 키워드들은 남겨서 외우고 안 나오는 것들은 버린다.

예를 들어 개념 A가 키워드 B와 연관되어 있다면, 문제에 나오든 제시문에 나오든 보기로 나오든 반복해서 등장할 것이다. 그것이 곧 개념 A에서 키워드 B가 출제되는 범위이자

방식이다. 이는 추후 단권화나 본인만의 개념 정리본을 만들 때 도식화를 할 수 있어야 한다. 이 과정이 완벽하게 이루어 졌을 때 개념 A에 대해 진정한 기출 분석이 이루어졌다고 할 수 있다. 그다음 나머지 다른 기출을 통해서도 개념 A에 대한 키워드를 완성해 나가면 된다.

어쨌든 이 과정은 2회독 한 번만으로 끝내기 어렵다. 다시 문제로 돌아와서 3회독부터는 체크한 것만 본다. 이때 잘 모르겠는 건 다시 또 체크한 뒤 4회독에서는 두 번 체크한 것만 보는 식으로 계속 반복한다.

여기서 짚고 넘어갈 한 가지가 있다. 인간은 망각의 동물이라는 것이다. 애초에 표시하지 않았던 것이나, 체크를 했음에도 당시엔 외우고 있어서 넘어갔는데 장기 기억으론 전환되지 않은 것은 어떻게 잡아낼까?

이때는 본인이 공부했던 기출 문제집과 다른 방식으로 구성된 기출 문제집을 하나 더 구매한다. 그리고 일정한 주기마다 이 문제집을 풀면서 기억이 안 났던 개념을 뽑아 베이스로 공부했던 기출 문제집에서 찾아 표시하고 외우는 방식으로 공부한다. 예를 들면 각 단원별로 구성된 기출 문제집을 베이스로 하고 각 연도별로 구성된 기출 문제집으로 보충하는 방식이다.

또는 기본서를 정독하면서 망각했던 부분을 다시 캐치하는 방법도 있다. 기출을 마스터한 상태에서 이론서를 보면 중요한 개념과 덜 중요한 개념이 머릿속에 착 달라붙는다. 기출이 어느 정도 잡힌 상태라면 흩어져 있던 중요 개념을 이론서를 통해 쭉 정리해 나가는 작업은 필수다.

기출을 넘어 최상위권으로 진입하는 법

마지막으로 최상위권으로 진입할 수 있는 법까지 소개하겠다. 이걸 알면 기출 그 이상을 볼 수 있는 경지에 이를 것이다.

첫째는 **구멍 메우기**다. 아무리 기출을 돌렸어도 안 외워지는 부분은 끝까지 안 외워진다. 기출을 여러 번 돌렸으니 괜찮다는 생각에 안 외워지는 부분을 간과하고 시험에 들어가는 사람들이 생각보다 많다. 끝까지 못 외운 부분은 반드시 따로 A4 용지에 적거나 타이핑해서 틈이 날 때마다 외우고 시험 직전까지도 가져가서 봐야 한다.

둘째는 **목차 활용하기**다. 기출문제에서 틀려서 표시한 부분을 기본서 목차에 똑같이 체크한다. 그리고 가장 체크가 많이 된 부분부터 공부해 약점을 보완해 나가는 방식이다.

셋째는 **지엽적인 부분까지 보기**다. 중요한 부분을 완벽히 마스터했다는 확신이 들면 이제 세세한 부분까지 넘어가자. 이때 활용할 수 있는 건 모의고사 문제나 시중에 가장 유명한 일반 문제집이다. 기출 분석 과정을 똑같이 적용해서 공부하고 해당 부분의 이론서까지 읽어서 외운다.

다시 한번 강조하지만 기출 분석은 모든 시험 공부의 시작이자 끝이다. 기출을 정복하는 자, 진정 그 과목을 정복할지니. 기출 분석을 시작하는 타이밍에 반드시 이 파트를 다시 읽고 제대로 적용하길 바란다.

수업 제대로 듣는 법

한 과목을 정복한다는 것

수업을 제대로 듣지 않고 교과서를 보는 A 학생과 수업을 제대로 듣고 교과서를 보는 B 학생이 있다. 같은 순공 시간을 투자한다고 했을 때 B 학생이 몇 배 이상으로 효율적인 공부를 할 수 있다고 확신한다. 하지만 '제대로' 수업을 듣지 않을 거라면 차라리 그 시간에 자습하는 게 낫다.

수업을 '그냥 듣는 것'과 '제대로 듣는 것'에는 무슨 차이가 있을까? 수업을 제대로 듣는 방법을 살펴보기 전에 공부의 본질을 하나 짚고 넘어가겠다. 한 과목을 정복하는 과정을 여러 각도에서 바라보는 것인데, 크게 세 가지 관점으로 나눌 수 있다.

첫째, 내용의 관점으로 본다. 내용에 따라 어떤 부분을 이해 위주로 접근하고 어떤 부분을 암기 위주로 접근할지 결정한다.

둘째, 프로세스의 관점으로 본다. 한 과목을 정복해 나가는 건 예습, 수업, 복습의 과정을 거친다. 각각의 과정에서 적절한 공부법을 활용한다면 공부 효율도 그만큼 올라간다.

셋째, 진도를 나가는 주체의 관점으로 본다. 선생님이 주체라면 강의(학교나 학원 수업, 인터넷 강의 등)가, 내가 주체라면 자습이나 독학이 해당된다. 중요한 건 내가 그날 들은 모든 수업을 이해할 수 있을 정도의 자습시간이 확보되는 수준에서 추가로 인강이나 학원 강의를 들어야 한다는 점이다. 혼자 공부하는 시간 없이 인강만 주구장창 듣는 건 의미가 없다.

결국 정교하게 공부를 한다는 것은 이 관점들을 조합해 최적의 효율을 내는 것을 말한다. 여러 관점에서 한 과목을 정복해 나가는 과정을 살펴봤으니 이를 바탕으로 이어서 설명하겠다.

제대로 된 예습이 수업의 질을 결정한다

순서를 조금 바꿔 프로세스의 관점부터 살펴보자. 공부의 세 과정(예습, 수업, 복습) 중 수업 자체에서 최적의 효율을 낼 수 있는 것은 무엇일까? 바로 예습이다. 가장 이상적인 예습은 그날 수업의 모든 내용을 미리 정독하고 수업에서 추가로 더 얻을 만한 내용이 없는지 찾아나서는 자세이지만 현실적으로는 거의 불가능하다. 예습은 커녕 그날 수업한 내용을 온전히 복습하는 것만 해도 벅찰 것이다. 그래서 앞으로 예습할 때는 이런 전략을 써보길 권한다.

첫째, 그날 배울 내용의 목차와 소제목을 외우고 수업에 들어간다. 모든 과목의 목차 또는 소제목에 나오는 단어는 핵심 키워드다. 이것만 외우고 들어가도 훌륭한 예습을 했다고 할 수 있다. 이건 불변의 진리다. 목차와 소제목을 통해 오늘 듣는 수업이 전체적인 맥락에서 어떤 걸 말하고 있는지 파악할 수 있고 나중에 복습할 때도 강력한 뼈대가 된다.

둘째, 수업에서 배울 부분을 빠르게 훑어본다. 예습의 목적은 해당 내용을 이해하고 암기하는 게 아니다. 몇 군데 숭숭 빠져도 좋다. 어차피 수업과 복습에서 다 채울 수 있다. 빠르게 훑어보기의 목적은 이해가 안 되거나 의문이 느껴지는 부분을 체크하기 위함이다.

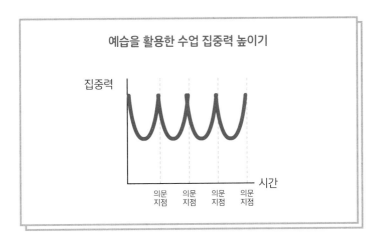

이렇게 해두면 수업에 더 집중할 수 있기도 하다. 수업 시간 내내 집중 상태를 유지하기는 어렵지만 의문을 품었던 지점이 나올 때는 나도 모르게 집중하게 되는 경향이 있지 않은가? 인간은 호기심의 동물이니까 자연스러운 현상이다. 이러한 장치를 곳곳에 심어두고 수업의 집중도를 끌어올려 보자.

수업 시간에서 얻어갈 건 '이해' 하나면 된다

이번엔 내용적인 관점이다. 과목을 정복하는 데 필요한 건 이해와 암기의 조합인데 수업에서 도움을 받을 수 있는 부분이 바로 '이해'다. 물론 암기하기 쉬운 방법을 알려주는 선생님들도 있지만 그건 보너스와 같다. 수업의 본질은 선생님이 학생에게 그 단원의 맥락을 설명하고 이해시키는 과정이다.

그럼 듣는 입장인 우리가 해야 할 일은 무엇일까? 바로 '나의 집중력을 어디에, 어떻게 적재적소에 배치할 것인가'를 아는 것이다. 수업 시간에 선생님 말씀을 이해해서 모든 내용을 빠짐없이 필기하는 게 가장 좋다. 하지만 현실적으로 그럴 수 없다. 취할 건 취하고 버릴 건 버려야 한다.

먼저 수업에서 선생님의 설명에 집중할지, 필기에 집중할지 정한다. 결론부터 말하자면 설명에 집중하는 게 맞다. 수업의 본질은 이해시키는 과정이라고 했다. 필기하느라 설명을 놓친다면 정작 본질을 놓치는 꼴이다. 그럼 "필기는 전혀 안 해도 되는 것이냐"라고 묻는다면 그것도 아니다. 적당한 필기는 집중력을 유지해 주고 복습할 때 이해를 돕는 효과가 있다.

필기할 때는 어떤 걸 적어야 할까? 핵심 개념을 적어야 할 것 같지만 아니다. 핵심 개념을 설명하는, 즉 이해를 도와주는 주변 개념들을 필기하는 것이다.

우리가 공부하는 책은 보통 기본서와 요약서로 나뉜다. 핵심 개념이라고 하면 수학이나 과학 과목에서는 공식을 말한다. 그 외 과목에서는 핵심 개념을 정의하는 문장 등이 있다. 이건 요약서에 나와 있기 때문에 굳이 똑같은 내용을 필기하는 데 집중력과 시간을 뺏기지 말라는 소리다.

이때 예습의 힘이 발휘되는 순간이 있다. 선생님이 설명하는 핵심 개념이 교과서나 요약서의 어느 부분에 있는지 미리 알고 있기 때문에 쓸데없는 필기를 막는 효과도 있다.

정리하면 선생님이 강조하는 개념은 표시 정도는 하되 절대 똑같이 따라 적지 않는 게 포인트다. 핵심 개념을 이해하는 데 필요한 개념만 간략하게 필기한다. 그리고 설명에 집중하다 놓친 필기 부분은 주위 친구들에게 빌려서 보충한다. 우리는 수업의 효율에 집중하는 게 우선이다.

한 가지 팁을 더 알려주자면, 한 학기 수업 커리큘럼이 철저하게 체계적으로 구성되어 있다는 사실을 인식한다. 대화를 주고받을 때 상대방이 이미 알고 있으리라 생각되는 단어나 문장은 모두 생략하고 말하지 않는가? 선생님들도 매 시간 구성된 커리큘럼에 따라 이전 수업에 언급한 내용은 대부분 알고 있으리라 생각하고 생략해 말하는 경우가 많다.

그만큼 목차가 머릿속에 있고 이전 시간에 배운 내용을 이해하고 있는 학생은 해당 수업의 이해도가 높을 수밖에 없다. 그래서 예습과 복습의 의미가 더더욱 중요한 것이다.

복습을 제대로 안 하면
열심히 들었던 수업이 모두 헛것이 된다

복습이 공부에서 얼마나 중요하다고 생각하는가? 자세한 복습법에 대해선 뒤에서 다룰 예정이니, 여기에서는 수업과 관련된 복습만 간단히 짚고 넘어가겠다.

수업과 관련된 복습은 수업이 끝난 직후에 10분 동안 하는 복습과 그날 저녁에 하는 자세한 복습으로 나눌 수 있다. 수업이 끝난 직후의 복습은 엄청난 힘을 발휘하는데, 쉬는 시간이 10분인 만큼 이때는 핵심만 짚고 넘어가는 게 중요하다.

수업 직후 복습할 때 핵심 키워드를 따로 적어두면 유용하다. 이 키워드를 보며 수업 및 책 내용을 스스로 떠올리는 아웃풋 과정을 한 번 거치는 것이다. 본인이 잘 몰랐던 부분을 인지한 상태에서 복습한다면 몇 배의 공부 효율을 낼 수 있다.

> **수업이 끝난 직후 10분 동안 하는 복습**
>
> 1. 이번 수업, 이 단원에서 결국 말하고 싶은 게 무엇인지 체크하기
>
> 2. 목차와 소제목에서 어떻게 살이 붙여졌는지 인지하기
>
> 3. 핵심 키워드 위주로, 방금 수업한 내용 다시 한번 떠올려 보기

저녁에 하는 자세한 복습에서 중요한 것은 그날 배운 건 모두 그날 이해하고 넘어간다는 마인드다. 암기까지는 힘들더라도 적어도 이해는 하고 넘어가자는 마음으로 당일 복습에 임해야 한다. 그렇게만 한다면 그 학기 모든 수업을 완벽히 내 것으로 만들 수 있다.

흔히 수업이 이해가 안 간다고 말하는 학생들을 잘 살펴보면 결국 이전 시간 수업 내용을 이해하지 못하고 넘어온 게 원인인 경우가 많다. 한 학기, 한 과목에서 이루어지는 수업은 이전에 했던 수업 내용과 다음에 할 수업 내용이 유기적으로 연결되어 있기 때문이다. 따라서 이전 수업을 완벽히 이해했다면 그다음의 수업은 훨씬 수월하게 받아들일 수 있다.

인강 제대로 듣는 법

인터넷 강의를 꼭 들어야 할까?

과연 공교육과 교과서만으로 최상의 학습 효율을 낼 수 있을까? 한때 수능 결과가 발표되면 수능 만점자들이 인터뷰에서 하나같이 "교과서만 보고 공부했어요"라고 답하던 걸 볼 수 있었다. 하지만 한 만점자는 언론과 기자에게 '교과서만 봤다'고 말하기를 강요받았다고 한다. 그는 너무나 좋은 인터넷 강의가 많이 있고 이를 활용하느냐가 입시 결과에 상당한 격차를 만들어낸다고 지적했다.

우리는 최고의 강의를 가장 쉽게 접할 수 있는 세대다. 일타강사의 강의를 집에서 들을 수 있는 시대가 아닌가. 나 역시 학창시절 수많은 인강을 들어왔고 지금도 의학 관련 인강으로 계속 공부하고 있다. 나는 공부의 효율을 최대로 올리기 위해서 인강은 무조건 들으라고 권유하고 싶다.

그런데 똑같은 일타강사의 강의를 듣는데 왜 누구는 성적이 쑥쑥 오르고, 누구는 제자리걸음인 걸까? 같은 강의를 보고 있어도 실제로는 서로 다른 걸 보기 때문이다. 이 작은 차이를 아는 것이 당신의 실력, 나아가 시험의 결과까지도 완벽하게 바꿀 수 있다. 내가 10년 넘게 인강을 보며 터득한 인강 제대로 보는 방법론을 지금부터 세세하게 풀어보겠다.

인강은 이렇게 보는 것이다

우선 인강의 본질부터 살펴보자. 인강은 수업을 인터넷으로 듣는 것이다. 즉, 이해와 암기 중 이해를 돕기 위해 존재하는 수업의 본질과 그 맥을 함께한다.

인강은 시간 낭비를 줄여 공부 효율을 높이는 최적화된 플랫폼이다. 시간과 공간의 제약을 없애주기도 하고 이해하는 과정의 시간을 절약해 주기도 한다. 물론 이렇게 장점이 많음에도 절대 인강이 전부가 아니라는 점을 마음에 새길 필요가 있다. 인강이 아무리 좋다고 한들, 내가 주체가 아닌 공부를 한다면 절대 합격할 수 없다. 모든 일타강사의 강의를 완강하다는 목표로 접근하면 필패할 수밖에 없는 이유다.

여러분은 어떤 인터넷 강사를 택하는가? 대한민국에는 정말 뛰어난 강사가 많다. 각 과목마다 일타강사가 최소 5명씩은 있는 느낌이다. 고민될 땐 딱 두 가지만 기억하자. 첫째로 일반적으로 유명한, 다른 사람들이 일타라고 인정하는 선생님 중 한 명을 고른다. 일타강사라고 불리는 데에는 다 이유가 있다. 그만큼 그 과목에 대해 많이 연구하고 강의 전달력이 뛰어난 사람이다. 일타강사 중 아무나 한 명 골라도 평타는 친다. 하지만 선생님마다 강의하는 스타일이나 말투, 요약법, 이론을 풀어가는 방식이 다르다는 점은 미리 참고하자.

둘째는 앞서 말한 수업의 본질을 근거로 정한다. '나를 가장 잘 이해시키는 선생님'을 택하는 것이다. 이해도에 영향을 주는 요인들은 많다. 정말 단순하게 말투나 어조만으로도 이해도에 차이가 발생할 수 있다. 샘플 강의 하나만 들어봐도 바로 느낌이 올 것이다. 나의 이해도를 최우선으로 선생님을 택하는 게 중요하다는 걸 꼭 기억하자.

공부 효율이 200% 올라가는 인강 듣는 법

10분의 법칙 지키기

나에게 맞는 인강 선생님도 골랐으니, 이제 효율을 올릴 차례다. 공부 효율을 200% 올릴 수 있는 인강 듣는 방법을 차례차례 소개하겠다.

첫째는 10분의 법칙이다. 인강 듣기 10분 전과 10분 후를 활용하는 것이다. 이 10분을 어떻게 활용하느냐에 따라 수업이 머릿속에 들어오는 정도는 천양지차다. 인강 듣기 10분 전, 오늘 진도 나갈 부분의 제목과 소제목을 외운다. 해당 과목 전체에서 어떤 부분을 다루는지 파악할 수 있고 앞으로 이해와 암기를 하는 데 있어 뼈대를 만들 수 있다는 장점이 있다.

한 가지 더 해야 할 게 있다. 전체적으로 내용을 최대한 빠르게 읽으면서 이해가 안 되거나 의문이 느껴지는 부분을 체크하는 것이다. 적어도 의문을 품었던 지점이 나왔을 때 강의 집중력이 올라가기 때문이다.

인강이 끝난 뒤 10분 동안 해야 될 일은 역시나 복습이다. 10분 동안 배운 것을 빠르게 체크하고 넘어간다.

여기서 포인트는 이 10분이라는 시간에 의미를 두고 반드시 지켜야 한다는 점이다. 학교나 학원 수업과는 달리 인강은 시작과 끝이 오로지 내 선택에 달려 있다. 앞뒤로 10분 이상 넘어가면 진도를 나가는 데 방해될 수 있으니 주의하자. 오히려 대충 할수록 좋다. 빠뜨린 게 있더라도 10분이 넘어가면 과감히 접고 나머지 복습은 밤이나 주말에 몰아서 진행한다.

완벽주의 버리기

일타강사들의 강의는 볼 때마다 늘 감탄하게 된다. 완벽한 커리큘럼과 강의 전달력, 거기에다 재미까지…. 이상하게 계속 보고 싶게 하는 매력이 있다. 하지만 인강을 들을 때는 완벽주의를 버려야 성공할 수 있다.

시험까지 시간이 많이 남아 있고 그 과목을 처음 접하는 시점에서 기본 개념 강의를 다 듣는 건 좋다. 다만 시험이 6개월도 채 안 남은 시점이나 어느 정도 그 과목에 대해 내공이 있는 상태라면 완강의 유혹에서 벗어나야 한다. 이때 개념 강의, 심화 강의, 문제 풀이 강의 등 모든 강의를 다 섭렵하겠다며 듣는 건 가장 미련한 짓이다.

시험에 나올 만한 것 중에서 내가 모르는 부분에 대해 인지하고, 그 부분만 취사 선택해서 듣는 게 가장 좋은 전략이다. 시험이 다가올수록 더욱더 전략적으로 접근해야 한다. 자신의 취약한 부분을 찾는 법에 대해서는 기출 분석법(179쪽)을 참고하자.

리듬을 타듯 듣기

강의 커리큘럼을 완강하겠다는 완벽주의를 버리는 것만큼이나 중요한 게 있다. 강의 자체에서도 완벽주의를 버리는 것이다. 힘을 줄 땐 주고 뺄 땐 빼야 한다. 여기서 힘이란 집중의 정도를 높이고, 강의의 속도를 낮추는 걸 의미한다. 처음부터 끝까지 100% 집중력의 상태로 강의를 듣겠다고 마음먹으면 마지막에 지칠 수밖에 없다. 공부의 리듬을 잘 지킬 줄 알아야 강의도 오래 듣고 공부도 지속할 수 있다.

우리가 인강을 들으며 집중해야 할 점은 수업 10분 전에 심어둔 의문 포인트, 이해가 잘 안 되었던 부분, 요약서의 핵심 결론 사이를 이어주는 지점이다. 이 부분들에 힘을 빡 준다고 생각하고 강의 속도를 1배속 내지 1.25배속으로 재생해 천천히 듣는다. 반대로 내가 이미 아는 내용이나 요약서에 자세히 나와 있는 공식을 적는 부분은 힘을 조금 빼고 1.5배속에서 2배속 사이로 빠르게 넘어간다.

랩을 예로 들면 적당히 밀고 당기는 스킬이 들어간 완급 조절이 있는 랩이 더 전달력 있게 귀에 잘 들어오는 것과 같은 원리다.

일반 강의에서는 시도할 수 없는 시공간을 초월하는 인강의 묘미가 바로 여기에 있다. 이렇게 좋은 배속 기능이 있는데도 아무 생각 없이 1배속으로만 듣는다면 손해다. 배속을 조절한다는 건 적극적으로 수업에 임한다는 뜻이기에 뇌도 더 적극적으로 수업 내용을 받아들일 수 있다.

인강을 뿌리 끝까지 뽑아 먹기

앞에서 말한 정도만 참고해서 인강을 들어도 이전보다 효율이 훨씬 늘었음을 체감할 것이다. 이제부터는 인강을 뿌리 끝까지 뽑아 먹는 방법을 소개한다.

첫째, 문제 풀이 강의의 효율을 높이는 방법이다. 문제 풀이 강의도 개념 강의에 버금갈 정도로 실력을 향상시키는 데 큰 도움이 된다. 특히 학원 강의와는 다른 장점을 살릴 수 있다. 당일 강의의 모든 문제를 미리 풀어볼 필요 없이 한 문제를 풀고 강의 듣고, 잠시 멈추었다가 다시 한 문제를 풀고 강의 듣는 식으로 진행이 가능하기 때문이다.

이렇게 하면 높은 집중력을 유지할 수 있음은 물론이고,

틀렸을 때 어떤 논리로 틀렸고 강사가 나와는 다른 어떤 접근방식을 택하는지 그때그때 비교해 볼 수 있다. 또한 쉽게 풀리는 문제는 아예 안 보고 넘길 수도 있기에 효율 극대화가 가능하다.

둘째, 라디오를 듣듯이 인강을 듣는 방법이다. 청소를 하거나 샤워를 하고 화장품을 바르는 시간 등 귀가 놀고 있을 때 인강을 그냥 틀어두는 것이다. 이런 자투리 시간에 틀어놔야 할 것은 새로운 진도를 나가는 강의나 문제 풀이 강의가 아니다. 이론 강의 중 가장 최근 들은 것을 틀어야 한다. 무의식적으로 키워드 중심의 내용을 계속 듣고 되새긴다면 복습의 효과를 극대화할 수 있다.

마지막 방법은 멍하니 인강 보기다. 분명 공부를 하다 보면 집중이 안 되고 지루한 순간이 찾아올 것이다. 이때 억지로 계속 공부를 이어가기보다는 체인지 공부법(131쪽) 원리를 적용해 보자.

최근에 봤던 이론 강의나 문제 풀이 강의를 틀어놓고 멍하니 보면서 나름 뇌를 휴식한다. 다시 집중하기 위한 예열 시간을 가지는 것이다. 이 방법은 강의를 듣는다기보다 준비하는 단계로 이해하면 된다. 휴식의 시간마저 개념을 때려 박는 용도로 사용하는 것이다. 다시 공부할 의지가 생긴다면 과감히 인강을 끄고 원래 하던 공부를 이어나간다.

지금까지 인강을 제대로 듣는 방법들을 살펴보았다. 여기서 소개한 방법론을 잘 새기고 실천한다면 그동안 인강을 들었을 때보다 개념이 들어오는 속도의 차원이 몇 단계는 높아져 있을 것이다.

복습의 정석

에빙하우스의 망각곡선은 허상인가?

복습은 공부법을 논하는 데 있어 빠져서는 안 되는 키워드다. 공부를 잘하려면 복습법 만큼은 완전히 숙지해야 한다.

복습의 주기부터 살펴보자. 영국의 대표적인 교육심리학자 토니 부잔이 주장하는 복습 주기가 있다. A라는 내용을 공부했으면 10분 뒤에 한 번 본다. 그리고 1일 뒤, 1주 뒤, 1개월 뒤, 6개월 뒤에 한 번씩 더 보면 완벽한 복습이 가능하다는 이론이다.

계획의 편의성을 위해 자신의 공부 루틴에 1일 단위, 1주

단위, 1개월 단위로 복습을 위한 시간을 할애해도 좋다. 예를 들어 강의를 듣거나 스스로 진도를 나가는 시간, 당일 복습을 하는 시간 외에 누적 복습을 위한 루틴을 추가하고 이때 하루 전, 일주일 전, 한 달 전 공부했던 것을 복습한다. 일주일 중 주말 하루, 혹은 한 달에 하루 정도는 학습 진도를 나가지 않고 그 주와 그 달에 배운 걸 쭉 몰아 복습만 한다. 이렇게 하면 계획 자체가 단순하기 때문에 실천하기가 쉽다는 장점이 있다.

대부분의 복습법 이론들은 주로 에빙하우스의 망각곡선에 근거한다. 인간은 학습한 지 10분 후부터 망각이 시작되어 1시간 뒤에는 56%가, 하루 뒤에는 67%가, 한 달 뒤에는 79%가 망각된다는 이론이다. 대신 10분 후 복습하면 1일 동안 기억되고, 다시 1일 후 복습하면 1주 동안, 1주일 후 복습하면 1개월 동안, 1개월 후 복습하면 6개월 이상 기억할 수 있다. 복습 시마다 망각의 그래프 기울기가 감소하는 효과를 보이니 이 타이밍에 복습하는 것이다.

하지만 에빙하우스의 이론 자체는 무의미한 철자들의 연속, 예컨대 'dfgl'의 철자 같은 걸 기억하는 방식으로 망각의 양을 측정했다. 그렇기 때문에 단순 암기에만 효과가 있다는 주장도 있다. 일반적인 학습의 복습 주기에는 적용하기 어렵

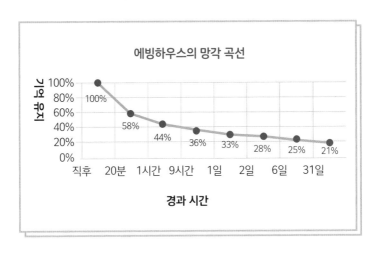

다는 것인데, 나는 여기에 100% 동의하지 않는다.

이유는 간단하다. 학습에 있어서 이해와 암기는 떼려야 뗄수 없는 관계이기 때문이다. 이해가 안 가는 내용도 해당 부분의 일부를 단순 암기로 일단 머릿속에 채워 넣을 수 있다. 그렇게만 할 수 있다면 무의식이 작용해 계속 그 부분에 대해 생각하고 나중에 복습하러 다시 돌아왔을 때 보다 이해가 잘될 것이다.

과목의 특성에 따라 단순 암기가 많이 필요한 과목은 이 주기를 더 정확히 지킬수록 효과적이다. 이해 위주의 과목은 이러한 주기를 지키는 것보단 이해를 최우선으로 가져가는 게 더 중요하다.

복습 시간의 분배법

지금부터는 내가 실제로 실천하기도 했고 꼭 추천하고 싶은 복습법을 소개한다. 내가 한창 공부하던 시기는 특정 복습 공부법이 유행하지도 않았고, 에빙하우스의 망각곡선을 복습에 정밀하게 적용해야겠다는 생각도 따로 하지 않았다. 하지만 누적 복습의 중요성을 깨달은 뒤 복습 횟수가 늘어날 때마다 그 주기의 간격을 늘리는 게 효과적이라는 걸 본능적으로 알게 되었다. 거기에 계획의 간편함까지 같이 가져갈 수 있는 복습 주기를 정했다.

하루 15시간을 공부한다고 가정했을 때 보통 6시간 정도는 학교나 인강을 통해 과목 수업을 듣는다. 수업 10분 후 복습은 각 수업시간이 끝난 직후에 한다. 아무래도 10분이라는 시간이 굉장히 짧기 때문에 이때는 정말 필요한 것만 취한다. 이번 수업에서 말하고자 하는 핵심 개념 하나, 예습할 때 강조 표시를 해뒀던 목차와 소제목을 숙지한다. 그다음으로 목차와 소제목에 살이 어떻게 붙여졌는지 파악하고 핵심 키워드 위주로 필기하면서 배운 내용을 떠올리는 정도로 마무리한다.

남은 9시간의 자습시간 중 6시간 이하로 당일 복습 시간을 확보한다. 복습 시간 동안 이해가 안 가는 부분을 위주로 공부한다. 시간이 남는다면 수업 직후 10분 복습에서 적어놨던 키워드 노트를 보며 다시 한번 수업 내용을 떠올린다. 이 시간에 책 전부를 읽으며 암기까지 하려고 하면 주어진 시간 내에 절대 못한다. 암기는 누적 복습 시간에 맡기자.

그리고 나머지 3시간 정도를 누적 복습을 위한 시간으로 쓴다. 누적 복습이란 전날 공부한 과목, 만약 시간이 남는다면 더 이전에 공부한 과목 중 부족한 파트를 공부하는 것을 의미한다. 그리고 주말 중 하루는 이 누적 복습의 비율을 확늘려 일주일 동안 공부한 걸 복습한다. 역시 한 달 중 하루를 한 달 동안 공부한 걸 복습하는 시간으로 활용한다.

만약 본인이 복습을 좋아하는 성격이라면 취침 전과 기상 직후에 최종 복습을 한 번 더 하면 좋다. 복습을 좋아하지 않는 성격이라면 수면 공부법(153쪽)을 활용해 특정 과목 한두 개만 집중적으로 복습하는 것도 리프레시 측면에서 추천한다.

기억력에 대한 또다른 이론이 있는데, 뇌에서 버려도 되는 정보인지 판별하는 기한이 '3일'이라고 한다. 3일이 지나고도 상기하지 않은 정보는 버리기 때문에 암기한 것을 잊어버리고 싶지 않다면 3일 안에 복습하는 것을 추천한다.

그리고 이렇게 받아들인 새로운 정보가 장기 기억에 저장

될 때까지는 6주가 걸리는데, 잊기 전에 다시 한번 봐야 장기 기억화가 가능하다. 이에 따라 공부한 당일 저녁, 3일 내, 6주 내에 한 번씩, 총 3번의 복습을 권유하는 복습 이론도 있다.

너무 짧은 시간 안에 두 번 복습하는 것은 효과적이지 않다. 토론토대학의 엔델 털빙 교수와 영국의 심리학자 앨런 배들리는 일정한 시간 간격 없이 연속적으로 반복해서 읽는 것은 암기에 큰 도움이 되지 않는다는 사실을 밝혔다. 만약 복습의 주기를 지키는 게 복잡하다는 생각이 든다면 단순화해서 접근해도 괜찮다. 앞의 복습법과 핵심은 같다. 초기에는 자주 보고 그 이후 점점 시간 간격을 늘려가면 된다.

복습은 어떤 방법으로 해야 할까?

복습의 핵심은 누적된 복습 양을 컨트롤하는 것이다. 복습해야 할 내용이 쌓여가기 때문이다. 따라서 회독수를 늘려감에 따라 한 페이지를 보는 시간도 같이 줄여나가야 한다. 이때 세 가지 원칙을 지키면 좋다.

첫째, 회독을 하면서 **펜 색깔을 바꿔가며 중요한 부분과 본인이 잘 모르는 부분의 키워드에 계속 표시해나간다.** 핵심은 회독 후반부에 표시했던 색깔 위주로 복습한 뒤 시간이 남으면 그다음 최근에 표시한 색깔을 보는 것이다.

　둘째, **어려운 파트는 도식화해서 다음 복습 시 빠르게 이해하거나 암기하며 넘어갈 수 있도록 만든다.** 그림 하나로 어렵고 방대한 양을 순식간에 되새길 수 있다.

　셋째, **본인이 확실히 안다고 생각되는 부분은 다른 식으로 표시해 다음 복습 시 패스하고 과감하게 넘어간다.** 복습할 때마다 아는 부분을 계속 읽고 있는 것만큼 비효율적인 일도 없다.

　본인이 알고 있는 부분과 애매하고 알고 있는 부분, 전혀 모르는 부분을 정확하게 파악할 수 있는 방법도 있다. 바로 '파인만 학습법'이다. 파인만 학습법은 노벨물리학상 수상자인 리처드 파인만이 언급한 학습법으로, 총 4단계로 나뉜다.

　1단계는 복습할 범위 중 점검하고자 하는 개념을 선택한다. 2단계는 친구나 가족에게 가르친다고 가정하고 개념을 설명한다. 포인트는 책에 나온 그대로가 아니라 자기의 언어로 바꿔서 글을 쓰거나 수업을 하듯 설명한다. 3단계는 설명 중 모르거나 막히는 부분이 나오면 교재나 참고 자료를 확인하고 해당 부분을 막힘 없이 설명할 수 있을 때까지 다시 공부를 한다. 4단계는 총 정리하는 시간으로, 자신만의 언어로 설명했던 모든 개념들을 전반적으로 다시 정리한다. 이 방법을 활용하면 본인이 모르는 것을 잘 찾을 수 있을 뿐만 아니라 그와 동시에 완벽한 복습을 할 수 있다.

복습의 최종 목표는 복습 주기를 점점 늘려나가며 많은 내용을 장기 기억으로 만든 뒤, 시험 직전에는 복습 주기를 다시 타이트하게 줄여나가는 것이다. 시험 전에 전체적인 내용을 빠르게 리뷰하고 시험장에 들어가기 위함이다. 시험이 다가올수록 진도 나가는 강의를 확 줄이고, 누적 복습의 시간을 확 늘려야 한다.

공부법의 화룡점정, 복습 정교화하기

누적 복습까지 완벽하게 마스터했다면, 좀 더 정교하게 다듬어볼 차례다.

복습에서 지루함을 어떻게 없앨까?

복습, 그중에서도 누적 복습은 같은 것을 보기 때문에 자칫 지루하게 느껴질 수 있다. 이럴 때는 기출 문제집의 해당 단원 부분을 풀어보자. 기출이라는 건 결국 그 단원의 핵심 내용이기에 단순히 텍스트만 여러 번 읽는 것보다 공부에 효과적이다. 또한 문제를 풀면서 주도적으로 공부한다는 느낌을 받을 수 있고 중요한 부분을 입체적으로 꺼낼 수 있기에 일석이조인 셈이다.

복습의 주기를 놓쳤다면?

어렵게 잡아둔 복습의 주기를 개인 사정으로 인해 놓쳤다면 가장 최근에 공부한 내용이라도 복습해야 한다. 에빙하우스의 망각곡선처럼 그나마 기억에 남아 있는 것을 한번 더 꺼내는 게 같은 시간 대비 효율이 좋은 공부다. 머나먼 기억 저편 속에 있는 내용을 복습하는 것은 거의 처음 공부하는 것과 마찬가지다.

복습에 대한 강박을 어떻게 해결할까?

복습의 주기를 반드시 지키려는 강박은 갖지 않는 게 좋다. 모든 과목에 대해서도 복습 주기와 복습법을 실천하려는 생각도 버리자. 이 강박에서 벗어나야 복습을 지속할 수 있다. 전체적으로 방대하거나 암기할 내용이 많은 개념, 본인이 약한 과목들에만 적용해도 충분하다.

나도 복습할 때 따로 계획표를 적거나 실천 정도를 점검하지 않았고 기본적인 복습 원칙 정도만 갖고 진행했다. 날짜가 헷갈릴 것 같을 땐 책에 공부한 날짜 정도를 적어두는 게 전부였다. 괜히 복습 계획표 만들고 복습 시행 여부를 체크하느라 시간과 힘을 빼지 말자. 공부하기 더 싫어진다.

시험은 장기전이다. 어떤 공부법이나 복습법도 당신을 지치고 짜증나게 만들어서는 안 된다. '이러한 복습법이 장기 기억에 조금 더 도움을 주겠구나'라는 정도로 생각하고 편하게 적용하길 바란다.

2부까지 읽고 실제로 그 공부법들을 체화한 당신은 마치 거북이와 달리기 경주를 벌이는 토끼 같은 능력을 갖추게 될 것이다. 하지만 뛰어난 공부 기술을 갖춘 게 오히려 독이 되어 '하고 싶을 때만' 공부를 하게 되는 함정에 빠질 수 있다.

얄팍한 공부 기술로 적당히 공부해서 원하는 곳에 합격할 정도로 세상은 만만한 곳이 아니다. 거북이처럼 우직하게 목표를 향해 나아가는 성실함을 갖춰야 한다.

그러기 위해서는 먼저 공부를 하는 진짜 이유를 파악해야 하고, 멘탈이 흔들릴 때 유연하게 넘어갈 수 있어야 한다. 또한 스스로를 단단하게 받치는 자존감도 키워야 한다. 이 모든 것을 '멘탈 최적화'라 칭한다. 아무리 멘탈이 최적화되어 있어도 몸이 무너지면 공부를 지속할 수 없다. 몸까지도 최적화할 수 있는 다양한 방법을 통해 체력을 키우자.

암기법과 시간 관리법을 숙지하고 몸과 마음의 체력까지 갖추었다면 토끼의 피지컬에 거북이의 마인드를 세팅한 무적의 수험생이 될 수 있다.

3부

합격에 최적화된
몸과 마음을 만드는

체력

5장

—

마음

멘탈
최적화

—

공부를 잘해야 하는
진짜 현실적인 이유

스스로 공부하고자 하는 의지가 차오를 수 있도록

공부를 잘한다는 건 어떤 경로로든 공부에 투자하는 시간이 충분히 많아야 한다는 걸 의미한다. 선천적으로 머리가 좋아 공부 효율이 높은 사람도 당연히 공부 시간이 많아질수록 더욱 공부를 잘할 수밖에 없다. 공부에 시간을 많이 투자하기 위해선 세 가지가 필요하다.

첫째는 이유다. 공부를 잘하는 게 왜 중요한지 아는 것을 말한다. 공부의 중요성을 잘 알수록 지금의 즐거운 일을 포기하고 공부에 매진할 확률이 높아진다.

둘째는 의지다. 공부의 중요성을 아무리 잘 알아도 이를 진정으로 실천하는 사람은 따로 있다. 여기에는 의지라는 요소가 크게 관여한다. 의지력은 어느 정도 타고나는 면도 있고 주위의 환경이나 성장 과정에서 겪은 특정 사건들에 의해 영향을 받는다. 공부를 잘해야 하는 이유를 알게 되는 것도 어떤 면에서는 의지를 키우는 특정 사건이 될 수 있다. 이 책을 읽는 것을 계기로 공부를 잘해야 하는 이유를 깨닫고 동시에 의지를 키우는 계기가 되길 바란다.

셋째는 습관이다. 습관의 힘은 정말 대단하다. 공부의 중요성을 망각하고 의지가 약해진 시기에도 공부 습관이 갖춰져 있다면 몸이 머리보다 먼저 움직여 공부를 시작하고 지속할 수 있다.

여기에서는 특히 첫 번째로 설명한 '이유'에 대해 자세히 살펴보겠다.

공부 동기를 끌어올리고 유지하는 강력한 방법 중 하나는 공부를 잘해야 하는 현실적인 이유를 마음속 깊이 이해하는 것이다. 그렇게 되면 스스로 공부하고자 하는 의지가 차오른다. 이 챕터를 다 읽을 즈음엔 왼손엔 책, 오른손엔 펜을 들고 공부할 태세를 갖추게 될 테니 끝까지 집중해서 보도록 하자.

모든 일은 설득에서 시작해서 설득으로 끝난다

공부를 잘해야 하는 이유를 에너지라는 관점에서 접근해 보려고 한다. 더 정확히 말하면 '설득'과 그에 필요한 에너지다. 세상이 돌아가는 메커니즘을 관찰해 보면 세상의 모든 일은 결국 설득에서 시작해 설득으로 끝난다는 것을 알 수 있다.

수험생이 특정 대학교나 공무원 직렬에 지원하는 것을 예로 들어보자. 이는 시험 점수를 근거로 본인이 그 자리에 있기에 적합한 자격을 갖춘 사람이라고 설득하는 과정이다. 취준생이 직장인이 되는 것도 면접에서 자신의 스펙을 무기로 면접관을 설득하는 과정이다. 심지어 친구를 사귀는 것도 상대방의 특성이 무의식적으로 나를 설득했기 때문에 일어나는 과정이다.

어릴 때 순수한 마음으로 친구를 사귀었다고 반박하는 사람도 있을 것 같다. 조금만 자세히 들여다보면 무의식적으로 본인과 결이 잘 맞는 사람, 나에게 해를 끼치지 않을 것 같은 사람들과 주로 친해졌거나 관계가 이어졌다는 걸 알게 될 것이다.

사업도 마찬가지다. 자신의 회사에서 내놓는 물건이 소비

자가 지불한 가격 그 이상으로 이득을 얻을 수 있다는 사실이 설득될 때 그 물건을 팔 수 있다.

설득의 본질은 패시브(Passive)한 요소와 액티브(Active)한 요소로 나눌 수 있다. RPG 게임을 한 번이라도 해본 사람은 패시브 스킬과 액티브 스킬이라고 들어봤을 것이다. 패시브 스킬은 내 캐릭터가 굳이 어떤 액션을 취하지 않아도 저절로 발동되고, 액티브 스킬은 마력을 쓰고 특정 행동과 포즈를 취해야만 나간다.

패시브한 설득은 그 사람의 존재 자체만으로 상대를 설득하는 힘이다. 액티브한 설득은 시간과 노력, 정신적·물질적 에너지를 소모해서 본인의 가치를 증명하고 상대방의 마음을 움직였을 때 설득되는 힘이라고 할 수 있다.

뛰어난 스펙(=패시브)을 가진 사람은 면접(=액티브)에서 크게 삽질하지 않는 한 학교나 회사 등 어디서나 데려가려고 할 것이다. 누가 봐도 매력적이고 성격마저 좋은(=패시브) 사람이라면 큰 액션을 취하지 않아도(=액티브) 동성이든 이성이든 누구나 친해지고 싶어 하는 마음을 가질 것이다.

공부를 잘하는 건
결국 자신의 에너지를 아끼는 과정이다

사람의 패시브한 영역을 강화시키는 가장 대표적인 일 중 하나는 공부를 잘하는 것이다. 어떤 사람의 가치를 믿으려면 특정한 근거가 필요한데, 공부를 잘했다는 사실은 그 자체만으로도 누군가를 설득할 수 있는 굉장히 큰 힘을 가진다. 합격장이 있다는 건 그 사람이 특정 기간 동안 하고 싶은 걸 참아가면서 보냈다는 근거가 된다. 이는 성실함과 인내심, 수행 능력의 증거가 된다. 다시 말하면 그 사람이 걸어온 발자취가 상대방을 설득할 수 있는 근거로 작용한다는 것이다.

합격장처럼 눈에 보이는 성과도 설득의 근거가 될 수 있지만 그 성과를 이루기까지 최선을 다하기로 한 인생관과 철학, 무수한 방해요인을 극복한 의지력, 거기서 나온 자신감과 기개, 눈빛 등 비언어적인 요소들도 설득의 근거가 된다.

세상을 설득할 수 있는 패시브한 능력이 일정 수준 이상 장착된 상태라면 대부분의 일이 큰 에너지의 투입 없이도 수월하게 풀리는 경지에 이르게 된다. 그만큼 사람 사이에 관계를 맺거나 어떤 일을 진행하는 데 있어 설득이 필요한 곳에 투자하는 시간과 자원(=액티브)을 줄일 수 있다. 그럼 온전히

남는 에너지를 다시 패시브한 영역에 투자할 수 있게 되고
이는 선순환을 이룬다.

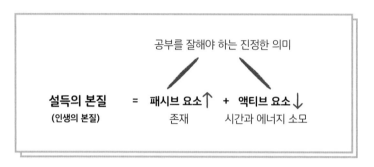

공부를 잘해야 하는 진정한 의미

설득의 본질 = **패시브 요소↑** + **액티브 요소↓**
(인생의 본질)   존재   시간과 에너지 소모

패시브한 힘이 커진다는 건 소중한 내 주위 사람들을 지킬
수 있는 힘도 커진다는 뜻이다. 부모님, 친구, 미래의 배우자
또는 본인의 자녀가 부당한 일을 당하거나 내 힘을 필요로
할 때 평소에 쌓아왔던 패시브한 능력과 평소에 아껴왔던 액
티브한 능력을 함께 쏟아부어 큰 힘이 되어 줄 수 있다. 패시
브 능력을 계속해서 쌓은 사람에겐 문제 해결 능력뿐만 아니
라 도움을 주는 인맥이나 성취에 기반한 경제력도 필연적으
로 따라오기 때문이다.

오늘부터 단순히 자기 자신만을 위해 공부하는 게 아니라
소중한 사람을 지키는 힘을 키운다고 생각해 보자. 패시브한

능력을 충분히 키우고 거기에서 나오는 여유로 주위 사람에게 도움이 될 수 있는 존재가 된다면 얼마나 멋진가. 공부에 사명감을 갖고 임한다면 분명 큰 동기가 되어 줄 것이다.

결국 합격하는 사람들의
멘탈 관리법

행복에도 공식이 존재한다

우리가 공부를 잘하려는 것도, 일을 열심히 해서 성공하려는 것도 궁극적으로는 단 하나의 목표를 위한 것이다. 바로 '행복해지기 위해서'다. 돈을 많이 벌어서 사고 싶은 것을 사고, 먹고 싶은 것을 먹고, 가족들이나 친구들과 즐거운 시간을 보내는 모든 행위의 기저에는 '행복'이 깔려 있다.

하지만 사람이 24시간, 365일 내내 행복하기는 힘들다. 경우에 따라서는 행복감을 느끼는 시간보다 괴로움을 느끼는 시간이 더 많은 비중을 차지하기도 한다. 누군가는 이런 감정을 잘 컨트롤해 결국 성공을 거두지만 누군가는 자신의 부정적인 감정에 매몰되어 성공이 눈앞에 있음에도 잡지 못하고 끊임없이 내리막길을 걷기도 한다.

나는 어릴 때부터 행복이라는 감정의 본질에 대해 큰 관심이 있었고 깊게 탐구해 보려고 많은 노력을 기울였다. 심지어 공대 졸업 논문으로 인간의 행복감을 수치화하여 공학적으로 분석해 발표했고 최고 학점을 받기도 했다. 그때 행복에 관한 많은 책과 영상 자료를 보며 공부했는데 수많은 자료들에서 공통적으로 말하는 바가 있었다.

바로 행복에도 공식이 존재한다는 점이다. 행복이란 가진 것을 원하는 것으로 나눈 수치와 동일하다고 말할 수 있다.

$$\text{행복} = \frac{\text{가진 것}}{\text{원하는 것}}$$

내가 100을 가졌다고 해도 1000을 원한다면 삶의 만족도, 즉 행복지수는 10%밖에 안 된다. 반면 내가 가진 게 50인데 원하는 것도 50이라면 100% 만족한 삶을 살고 있다는 뜻이다. 즉, 우리는 가진 것을 늘리거나 원하는 것을 줄여 행복할 수 있다는 말이다.

그런데 이 공식 하나를 알았다고 해서 우리의 행복도가 크게 변하는 것 같지는 않다. 당장 가진 것을 늘릴 수 있는 것도 아니고 그렇다고 원하는 것을 바로 줄일 수도 없는 노릇이니 말이다. 시험 합격이 목표인데 원하는 건 시험 합격이 아닌 걸로 바꾸고 행복도를 높이는 건 현실적으로 말이 안 된다. 그건 시험을 포기하는 행위나 다름없다. 그래서 이 공식에 대해 한 번 더 깊게 들어가 보기로 한다.

행복을 최적화할 수 있는 방법을 찾다

나는 목표를 설정하고 이루어가는 과정 속에서 행복을 최적화할 수 있는 방법을 끊임없이 연구했다. 그 시작점은 바로 가진 것과 원하는 것에 다시 행복이라는 수치를 대입하고 시간이라는 변수를 추가하는 것이다.

$$\text{행복} = \frac{\text{가진 것}^{\text{행복}*}}{\text{원하는 것}_{\text{행복}**}} \times \Delta\text{시간}$$

이 공식만 보면 무슨 말인지 잘 와닿지 않을 것이다. 이해를 돕기 위해 그래프와 함께 설명하겠다. 현대 사회에서는 '나는 어느 정도로 행복해야 해'라며 본인만의 행복 기준선을 설정해 놓는다. 그런데 실제 삶에서 느끼는 행복도는 여러 가지 상황과 사건들로 인해 물결 모양을 그린다.

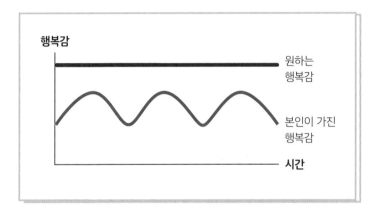

모의고사를 봤는데 원하는 만큼 점수가 나오지 않는다든가, 사랑하는 애인과 헤어졌거나, 아니면 단순히 바이오리듬상 그냥 기분이 별로였거나 등 여러 가지 요인들이 그래프 속 파인 부분들을 만드는 것이다.

그런데 주위를 관찰하면 완벽주의자일수록, 또는 성공에 대한 열망이 큰 사람일수록 정해 놓은 행복의 기준선을 내려

놓으려고 하지 않는다. 공부를 잘하고 퍼포먼스가 좋은 사람일수록 이런 경향이 있다. '나는 항상 행복해야 돼', '내 삶의 만족도는 늘 이 정도는 돼야 해'라며 행복 기준선을 어떻게든 사수하려고 한다.

하지만 우리의 삶은 반드시 굴곡이 있기 마련이다. 이상과 현실의 차이를 받아들이지 못하면 인생의 괴로움이 만성적으로 쌓일 수밖에 없다. 이게 쌓이다 보면 결국 멘탈이 흔들리고 본인이 준비하던 것들마저 망치게 된다.

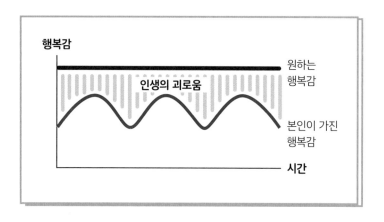

유연한 행복 기준점이 행복한 인생을 만든다

그렇다면 답은 간단하다. 항상 행복해야 한다는 강박적인 생각을 내려놓을수록 궁극적인 행복에 가까워진다. 삶에는 언제나 굴곡이 있다는 점을 인정하고 그곳에서 파생되는 기분이나 감정에 걸맞은 행복 기준선을 유연하게 재설정하는 게 중요하다.

행복의 기준선과 현실의 괴리를 인정하지 못하는 사람은 오히려 이 차이에 대해 지속적으로 생각하고 고민한다. 공부나 업무에 쓰여야 할 뇌가 다른데 집중하고 있으니 결국 퍼포먼스도 떨어지는 것이다.

슬럼프의 시기가 왔다면 오히려 그 슬럼프를 온전히 만끽하려고 노력해 보자. 본인의 기분이 바닥을 친다면 그 감정의 심연을 향해 다가가자. 어려운 시기에도 나는 행복해야 된다고 강박적으로 생각하지 말자. 본인이 불행하다는 생각이 드는 시기가 오면 그 불행을 온몸으로 느끼고 받아들이도록 하자.

행복과 괴로움의 주기를 이해하고 인정한다면 역설적이게도 자신의 일에 집중하기가 쉬워진다. 비록 현재의 행복도가 낮고 기분이 좋지 않더라도 묵묵히 나의 업에 정진하다 보면 치고 올라가는 시기가 분명히 온다는 걸 우리는 알고 있다. 인생은 계속되니까 말이다.

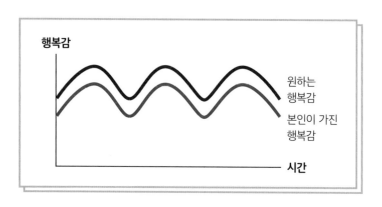

바다에 밀물과 썰물이 있는 것처럼 우리 삶의 생리에도 굴곡이 있다. 이 굴곡에 몸을 맡겨 자연스럽게 앞으로 나아갈지, 물 위로 뜨겠다고 발버둥치다가 가라앉을지는 여러분의 선택에 달려 있다.

번아웃 극복법

적당한 스트레스는 약이 되지만 과도한 스트레스는 독이 된다

공부나 일을 하다 분명 지치는 순간이 온다. 지침이 반복되면 번아웃으로 넘어갈 수 있고 번아웃이 지속될 경우 우울증까지 갈 수 있기 때문에 결코 무시해서는 안 된다. 자신이 현재 번아웃 상태가 아니라 하더라도 언제든 이 단계로 넘어갈 수 있으므로 반드시 주의해야 한다.

'번아웃'이란 완전히 타서 소멸한 것을 의미하며 정신의학적으로는 육체적·정신적 힘이 고갈되어 완전히 탈진된 상태를 말한다. 하나의 일에 몰두하던 사람이 극도의 피로감을 느껴 수면장애, 우울증, 대인기피증을 겪고 인지·학습 능력과 집중력 감소, 업무 효율 저하 등이 일어난다.

아래 그래프를 보자. 적당한 스트레스는 수행 능력을 증가시키지만 지나친 스트레스는 수행 능력을 감소시킨다. 번아웃 상태에 해당한다. 최근에 본인의 공부 효율이 감소했다고 느낀다면 번아웃 상태는 아닌지 점검해 볼 필요가 있다.

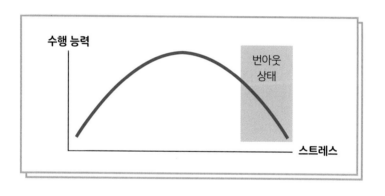

번아웃증후군이 오면 생기는 일들

WHO에서는 번아웃증후군을 질병까지는 아니지만 직업과 관련된 증상이라고 규정했다. 직장인들을 대상으로 한 증상으로 언급했지만 수험생들에게도 충분히 적용할 수 있어 연관 지어 설명하려고 한다. 번아웃증후군은 다음과 같이 4단계로 나눌 수 있다.

1단계: 열성기

열정이 넘치며 강한 자신감으로 공부와 업무를 통해 보람과 성취감을 느끼는 단계다. 자발적으로 과도한 공부나 업무를 하기도 하고 이 과정에서 느끼는 보람과 성취감을 삶의 낙으로 삼는다.

2단계: 침체기

슬슬 힘이 부치기 시작한다. 열성기와 비교했을 때 공부나 업무의 수행 능력에 크게 차이는 없지만 처음 느꼈던 흥미나 재미가 떨어지기 시작한다. 보람이나 성취감도 서서히 사라지며 업무보다도 근무 환경이나 근무 시간, 임금 등 외부 요인에 관심을 갖는다.

3단계: 좌절

자신의 능력에 대해 의구심을 갖거나 본인이 가치 없는 사람이라 생각하며 회의감을 갖는다. 노력한 만큼 성과가 안 나는 것을 자주 경험한 뒤로 해당 분야에서 뛰어난 업적을 내겠다는 야망도 사라지게 된다.

4단계: 무관심

스트레스가 극에 달한 상태로 흥미가 없는 일을 지속적으로 행하면서 실패감과 패배감을 겪는다. 본인의 업에서 안식을 찾지 못하고 방황한다.

한국인 10명 중 8명은 경험했다고 할 정도로 번아웃증후군은 꽤나 흔한 증상이다. 안전관리공단에서 제시한 자가 진단 테스트 17문항을 소개한다. 1(전혀 아니다)부터 5(매우 그렇다)까지 각 문항에 해당하는 점수를 더했을 때 65점 이상이 되면 위험한 수위다. 여기에 해당된다면 치료를 받는 것도 고려해 봐야 한다.

번아웃증후군 자가 진단 문항

1. 쉽게 피로를 느낀다.
2. 하루가 끝나면 녹초가 된다.
3. 아파 보인다는 말을 자주 듣는다.

4. 일이 재미없다.

5. 점점 냉소적으로 변하고 있다.

6. 이유 없이 슬프다.

7. 물건을 잘 잃어버린다.

8. 짜증이 늘었다.

9. 화를 참을 수 없다.

10. 주변에 실망감을 느낀다.

11. 혼자 지내는 시간이 많아졌다.

12. 여가를 즐기지 못한다.

13. 만성 피로, 두통, 소화불량이 늘었다.

14. 자주 한계를 느낀다.

15. 대체로 의욕이 없다

16. 유머감각이 사라졌다.

17. 주변 사람들과 대화를 나누는 게 힘들게 느껴진다.

1: 전혀 아니다 2: 약간 그렇다 3: 그렇다 4: 많이 그렇다 5: 매우 그렇다

번아웃은 예방과 치료가 가능하다

번아웃이 예방과 치료가 가능한 영역이냐고 많이들 묻는다. 건강한 하루를 구성한다면 충분히 예방과 치료가 가능하

다. 여러 가지 방법이 있는데, 효과적인 것들을 몇 가지 소개한다.

첫 번째는 **건강한 수면**이다. 진정한 하루는 사실 전날 수면부터 시작한다. 번아웃이 있는 사람은 대부분 수면장애가 있고 반대로 수면장애가 있는 사람은 번아웃이 되기 쉽다. 인간의 에너지를 100점 만점으로 봤을 때 숙면을 취한 사람은 100점의 에너지로 하루를 시작하고, 숙면을 못 취한 사람은 60~70점으로 하루를 시작한다.

두 번째는 **아침식사를 제대로 하는 것**이다. 의외로 많은 사람이 아침식사의 중요성을 간과하고 있지만 아침에 먹은 제대로 된 식사가 하루의 질을 결정한다. 특히 아침에 단백질을 먹는 게 중요하다. 단백질이 우리 몸에서 스스로 합성할 수 없는 아미노산인 트립토판으로 바뀌고, 트립토판은 다시 행복 호르몬이라 불리는 세로토닌으로 바뀐다. 세로토닌은 육체적·정신적으로 소진된 신체를 다시 일으켜 세우는 힘을 준다. 밤이 되면 세로토닌은 멜라토닌으로 바뀌어 건강한 수면을 취하는 데 도움이 된다.

팁 하나를 더 주자면 단백질과 탄수화물을 같이 섭취하면 혈중 트립토판의 비율이 증가한다. 이는 뇌와 척수에 트립토판이 더 많이 공급될 수 있도록 돕는다. 또한 비타민 B6을 충분히 섭취하면 트립토판이 세로토닌으로 전환되는 데 도움을 준다. 트립토판 생성에 도움을 주는 단백질 식품으로는 소고기, 돼지고기, 연어, 닭고기, 달걀, 콩, 바나나 요구르트, 치즈가 있다. 비타민 B6가 풍부한 식품으로는 닭고기, 돼지고기, 연어, 시금치, 브로콜리, 바나나, 견과류가 있다.

세 번째는 **틈날 때마다 건강하게 움직이기**다. 건강한 수면과 아침식사로 상큼하게 하루를 시작했다면 이제 하루를 보내며 틈날 때마다 스트레칭을 통해 긴장된 근육을 풀어주자. 하루 10분이라도 산책을 하며 자연을 느껴보길 바란다. 자연이라고 해서 거창할 건 없고 푸른 하늘을 바라보는 것, 길에 심어 있는 나무를 관찰하는 것, 바람 소리를 듣고 감촉을 느끼는 것 등을 말한다. 우리는 자연에서 온 존재인 만큼 자연에 나 자신을 잠시 맡김으로써 에너지를 보충하는 시간을 갖는 것이다. 여기에 꾸준한 운동 루틴을 정해 건강한 몸과 마음을 유지하는 게 좋다.

일상에서의 휴식을 실천하자

혹시 쉬고 있을 때 일이 밀리거나 공부가 뒤처질까 봐 걱정한 적이 있는가? 그렇다면 당장 그 마음을 내려놓길 바란다. 휴식은 뒤처지는 게 아니고 진정한 성공으로 가는 길이라고 생각해야 한다. 세계적인 부자들은 공통적으로 명확한 휴식 주간을 정하고 뇌가 다시 돌아갈 수 있는 힘을 만든다고 한다. 휴식으로 뇌에 새로운 활력과 창의력이 생긴다는 건 이미 뇌과학 연구에서도 밝혀진 사실이다. 당장 눈앞의 성취를 넘어 더 멀리 보고, 더 큰 성공을 원한다면 적절한 휴식 주간을 꼭 만들어야 한다.

아무것도 안 하고 집에서 종일 누워서 넷플릭스만 보는 걸 휴식으로 생각하는 사람도 있다. 물론 이것도 쉰다고는 말할 수 있지만 이게 루틴이 되어서는 안 된다. 만약 반복될 경우 본인이 하고 있는 공부나 일의 리듬을 잃어버리거나 오히려 더 에너지를 잃을 수 있기 때문이다.

우리는 일상에서의 쉼을 실천해야 한다. 규칙적이고 건강한 하루의 루틴을 정하고 지칠 때 마음속의 스톱 버튼을 누를 줄 알아야 한다. 좋아하는 카페나 멋진 경치가 보이는 곳에 가서 쉬거나 좋아하는 취미 생활을 해도 좋다. 스스로에게 위안을 주는 장소로 가거나 행복을 주는 행위를 하라.

이러한 시간은 본인의 에너지에 따라 일주일에 하루 또는 반나절, 스스로 지친다고 느껴질 때 등 유연하게 정하면 된다. 더불어 힘든 얘기를 털어놓을 수 있는 친구를 만나거나 명상, 반신욕 등을 하는 것도 훌륭한 회복 방법이 될 수 있다.

일상에서의 쉼으로도 해소가 되지 않는다면 완전히 쉬자. 집에서 아무것도 안 하고 쉰다거나, 주말에 여행을 간다거나 등 본인의 사정에 맞게 스스로에게 온전한 휴식을 선물하자. 빈도가 잦아서는 안 되겠지만 시행한 날만큼은 모든 걸 잊고 쉬어야 한다.

마인드셋이 중요한 이유

마지막으로 번아웃의 예방과 치료를 위해서는 마인드셋도 반드시 필요하다. 마인드셋은 본인의 마음을 들여다보는 것에서 시작한다. 왜 이렇게까지 나를 혹사시켜 가며 열심히 하고 있는지, 과거의 나와 미래의 나까지 살펴볼 필요가 있다.

과거의 트라우마나 열등감을 현재 일이나 무리한 공부로 풀어내려고 하고 있는 건 아닌지, 미래에 성취하고자 하는 일이 본질적으로 허상은 아닐지 진지하게 스스로와 대화하는 시간을 가져보길 바란다. 이 마음의 대화만으로도 현재 과도하게 에너지를 쓰고 있는 자신을 조금이나마 진정시킬 수 있다.

　그다음은 건강한 사회를 위해 본인의 마음을 다잡는다. 감정은 전이되기 때문에 내 감정이 분명히 주위 사람들에게 영향을 미친다. 심신이 지쳐 있으면 매사에 공격적으로 변하기 쉽다. 요즘은 항상 화가 잔뜩 나 있는 사회라고 한다. 주위 사람에서 나아가 사회 전체의 화를 가라앉힐 수 있게끔 여유를 찾고 건강한 감정을 퍼뜨리는 노력을 해보자.

　건강한 하루를 구성하고 진정한 휴식을 실천하는 것은 임시방편으로 몸을 회복하자는 의미가 아니다. 뇌가 효과적으로 스트레스를 관리하고 위협에 반응하는 방식을 강화할 수 있도록 만들자는 것이다. 이는 결국 우울, 불안, 번아웃, 스트레스에 무너지지 않는 '회복 탄력성'을 키우는 일이다.

자존감 높이는 법

자존감과 공부는 어떻게 연결되는가?

자존감과 공부가 무슨 상관이 있냐고 생각할 수도 있겠다. 하지만 멘탈 최적화를 위해 절대 빼놓지 말아야 할 것이 자존감 챙기기다. 자존감이 제대로 형성되어 있지 않은 사람은 길고 긴 수험 생활을 제대로 보낼 수 없다. 끊임없이 남과 비교하고 스스로에게 계속 상처를 주면서는 공부에 시간과 에너지를 온전히 쏟아부을 수 없기 때문이다.

이처럼 자존감과 공부의 상관 관계가 높기 때문에 '공부 자존감'이라는 말이 나올 정도다. 근본적으로 자존감이 낮은 사람은 공부를 통해 원하는 목표를 이루었더라도 행복한 삶을 살기 어렵다. 자존감은 두 가지 관점에서 접근할 수 있다. 먼저 자존감을 단순히 높고 낮음의 차원을 넘어 넓고 좁음의 차원으로 살펴보자.

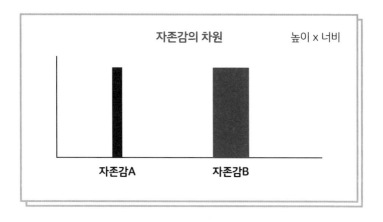

스스로 자존감이 높다고 말하는 사람도 특정 상황에서 자존감이 무너져 버린다면 높이만 높고 너비는 충분하지 못한 상태라고 할 수 있다. 어떠한 상황에서도 흔들리지 않는 단단하고 굳건한 자존감을 의미하는, 즉 너비까지 갖춘 자존감도 분명히 있다. 우리가 추구해야 할 자존감은 이런 안정적인 자존감이다.

자존감을 높이기 위해선 세 가지를 이해해야 한다

안정적인 자존감을 형성하기 위해선 자존감을 구성하는 요소를 먼저 알아야 한다. 자존감을 구성하는 세 가지 요소로는 자기 효능감과 자기 조절감, 그리고 자기 안전감이 있다.

자기 효능감은 본인이 얼마나 쓸모 있는 사람인가에 대한 생각이다. 자신이 어떤 일을 성공적으로 수행할 수 있는 능력이 있다고 믿는 신념, 자신의 능력에 대한 스스로의 신뢰감을 말한다. 이 자기 효능감은 보통 성취 경험이 많을수록 높아지는 경향이 있는데 우리가 흔히 알고 있는 자존감의 개념과 가장 가깝다.

자기 조절감은 본인의 선택으로 인생을 살아가고 싶은 욕구를 말한다. 더 구체적으로는 본인의 감정, 생각과 행동, 주변의 상황들이 자기가 마음먹은 대로 조절되고 있다고 느끼는 것이다. 남들이 보기엔 성공한 인생을 살았어도 그게 자신이 원하는 길이 아니었다면 이는 자존감의 바탕이 될 수 없다.

자기안전감은 내 인생이 안전하다고 믿는 것이다. 지금 있는 장소, 본인의 현재와 미래 등 시공간적으로 편안하고 안전하다고 느끼는 능력을 말한다. 자존감의 기본 바탕이 된다.

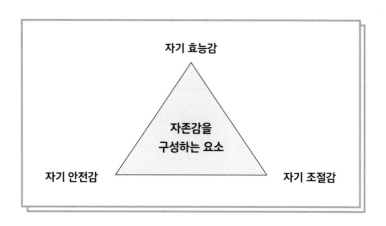

자존감은 내가 나를 인정하는 것에서 시작한다

실제로 많은 정신건강의학과 전문의들은 스스로 뭔가를 성취하고 그에 따른 주위의 긍정적인 피드백을 받을 때 자존감이 올라갈 수 있다고 말한다.

그럼 무언가를 성취하지 못한 사람은 자존감을 챙길 수 없는 걸까? 물론 아니다. 여기서 생각의 프레임을 조금 더 정교하게 만들어 볼 필요가 있다.

많은 사람이 본인이 정한 목표를 향해 달려가고 그것을 달성했을 때, 주위 사람들로부터 인정을 받았을 때 비로소 행복해진다고 말한다. 하지만 목표를 달성할 수 있을지는 해보지 않고서는 모른다. 그럴 때는 과정 자체를 스스로 인정하는 게 중요하다.

과정은 남의 눈에 잘 보이지 않기 때문에 이걸 진정으로 인정해 줄 수 있는 건 나 자신밖에 없다. 그리고 결국 그것을 해냈을 때 주위 사람들이 보내는 인정은 일종의 보너스와 같다. 이렇게 의식적으로 인정의 무게를 결과에서 과정으로 옮기는 훈련이 필요하다.

예컨대 나는 고등학교 2학년 겨울방학 내내 공부에 극단적인 노력을 쏟아부었다. 몸은 힘들었지만 정신적인 만족감은 계속해서 올라갔고 자존감 또한 굉장히 강화된 걸 느꼈다. 설사 모의고사 결과가 만족스럽지 않더라도 노력한 그 자체로 나 자신에 대한 확신이 생긴 상태였다.

자존감을 키울 수 있는 대상은 꼭 공부만이 아니다. 다이어트나 운동, 독서, 글쓰기 등 여러 가지가 될 수 있다. 성과까지 낸다면 당연히 더 좋다. 결과물을 낼 정도의 노력으로 과정을 충실히 채우도록 하자.

인정의 욕구가 충분히 채워진 사람은 더 이상 타인의 시선에 신경 쓰지 않는다. 묵묵히 내 꿈을 향해 걸어갈 뿐이다. 이는 곧 자존감이 높고 단단하는 말과 일맥상통한다. 하지만 나를 인정하지 못하고 타인의 인정을 충분히 받지 못했다면 매사 타인에게 인정을 갈구하게 된다. 이때 본인이 기대한 반응이 나오지 않으면 우울하기도 하고, 화가 나기도 하고, 감정의 동요가 일어나기 시작한다. 자존심을 부린다는 얘기다. 이것이 자존감과 자존심의 차이다.

페르소나가 아닌 진정한 나를 살펴보자

스스로 자존감이 높다고 생각하지만 불안한 감정을 느끼는 경우는 왜 생기는 걸까? 바로 자존감을 이루는 축이 제대로 균형을 이루지 못했기 때문이다. 성취 중심의 자기 효능감으로 자존감을 키워서 본인의 선택대로 인생의 길을 개척하지 못한 경우에 이런 부작용이 생길 수 있다. 심지어 본인이 원하는 대로 인생을 살아왔다고 생각하더라도 실제로는 그렇지 않은 경우가 많다.

'나'라는 사람은 사회적 가면을 의미하는 페르소나(Persona), 자아를 의미하는 이고(Ego), 진정한 나를 의미하는 셀프(Self)로 나눌 수 있다.

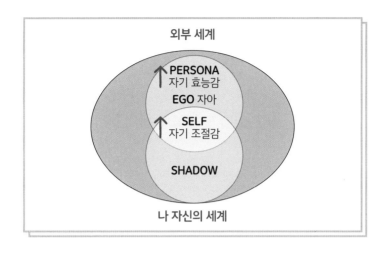

외면적으로 보여지기를 원하는 자기 모습, 즉 페르소나가 시키는 대로만 살아온 사람이라면 내가 원한다고 생각했지만 실제로는 진정 원했던 삶이 아닌 채 살아온 것이다. 여기서 페르소나가 시키는 것 위주로 살아가는 것은 자기 효능감에 해당되며, 진정한 자신인 셀프가 원하는 것 위주로 살아가는 게 자기 조절감에 해당된다.

페르소나를 어느 정도 발달시키는 건 반드시 필요하지만 셀프를 무시하면 안 된다. 누군가에게 보여지는 내가 아닌 온전한 나로서 진정 원하는 삶이 무엇인지 스스로에게 물어보고 그걸 균형 있게 이뤄나가길 바란다.

어떤 걸 선택하고 시행했을 때 진정한 행복감을 느끼는지는 본인이 가장 잘 알 것이다.

삶을 어떻게 해석할 것인가?

자존감을 높이기 위해서는 우리에게 일어나는 모든 크고 작은 사건들이 양면성을 갖고 있다는 사실을 인지하는 게 우선이다. 긍정적인 사건은 온전히 그 기쁨을 누리면 되지만 부정적인 사건에 대해서는 적절한 마음의 대처가 필요하다.

어떠한 나쁜 일도 100% 나쁘지만은 않다는 말에 동의하는가? 실제로 그렇다. 아무리 부정적인 사건도 우리에게 좋게 작용하는 면을 찾을 수 있다. 다만 당장 눈에 보이지 않을 뿐이다. 그러므로 우리는 '이 사건이 결국 인생에서 나를 좋은 길로 인도할 것이다'라고 믿도록 하자.

물론 인간의 특성상 나쁜 사건을 마주하게 되면 부정적인 생각으로 흘러가기 쉽다. 따라서 좋은 언어에 본인을 지속적으로 노출시키는 것이 중요하다. 본인을 지지하는 주위 사람들을 곁에 두거나 좋은 책과 강의를 찾아 듣자(유튜브 〈연수남TV〉 채널 영상들을 틀어 놓는 것도 좋다).

어떤 부정적인 사건에서라도 배울 점을 찾으려고 노력하

고 끊임없는 피드백으로 계속 성장해 나가자. 사람은 어떤 상황이든 결국 적응하게 되어 있다. 부정적인 감정도 시간이 지남에 따라 무뎌지는 법이니 우리는 그 사건의 '가르침'만 남겨서 가져가면 된다.

나를 특별하게 만드는 힘을 찾는 법

우리가 가치 있다고 느끼는 것들을 잘 관찰해 보면 '희소성'이 있다. 예컨대 금이나 다이아몬드 같은 건 희소성이 있으니 비싼 값에 거래되고 많은 사람이 소유하길 원하는 보석이 되는 원리다. 이것을 스스로에게 한번 대입해 보면 어떨까? 자존감의 근거를 형성하는 방법이다.

본인이 가진 것과 남들보다 잘하는 것을 쭉 적어보자. 생각보다 많이 나올 것이다. 그리고 이 리스트를 조합해 스스로에게 되뇌는 것이다. 예를 들어 '나는 피아노도 잘 치고, 몸도 좋은 편이다. 그리고 일일 방문자가 꽤 많은 블로그도 운영하는 사람이다.' 이런 식의 조합으로 나올 수 있는 건 당신 단 한 사람뿐이며 그만큼 가치가 있다는 뜻이기도 하다.

꼭 눈에 보이는 가치가 아니더라도 상관없다. 남을 즐겁게 하는 능력, 배려심, 성실함 등 성격적인 부분도 포함할 수 있다. 리스트의 구성 요소가 부족하다는 생각이 들면 그 구성 요소들을 하나씩 늘려가기 위해 노력하면 된다. 나를 특별하게 만드는 힘을 찾는 과정 속에서 자존감을 챙길 수 있다.

낮은 자존감 활용법

현재 본인의 자존감이 낮다고 생각하는가? 한 가지 재밌는 사실은 낮은 자존감을 가진 사람들이 오히려 그 결핍을 바탕으로 남들 이상의 강력한 추진력을 낼 수 있다는 점이다. 본인의 자존감이 낮다는 생각이 들면 이를 역으로 이용하여 자기 발전의 원동력으로 삼으라는 소리다. 그러면 그 과정과 결과에서 주어지는 자기 효능감과 자존감을 같이 챙길 수 있다.

시간을 어떻게 분배하느냐에 따라 공부의 성공 여부가 갈리는 것처럼, 생각을 얼마나 정교하게 구성하고 마음의 분배를 어떻게 하느냐에 따라 건강한 멘탈의 소유 여부가 결정된다. 이처럼 마음에도 공부가 필요하고, 삶을 바라보는 프레임을 생산적으로 바꾸는 것도 반드시 필요하다.

지금의 나는 어떤 사람인가? 오늘부터 곰곰이 생각해 보고 마음과 대화하는 시간을 가져보자. 자존심이 아닌 자존감을 키우자. 지금의 공부에서든, 당신의 인생에서든 높고 넓은 자존감의 도움을 받는 날이 분명히 올 것이다.

6장

몸

컨디션
최적화

수면 관리의 정석

사람은 왜 자야 하는가?

인생의 3분의 1을 차지하는 수면을 혹시 아무렇게나 방치하고 있지는 않은가? 수면을 어떻게 관리하느냐에 따라 하루의 활력과 학습 효율, 감정 상태, 나아가 질병과 수명까지 달라질 정도로 잠은 우리에게 엄청난 영향을 미친다.

사람이 자야 하는 이유는 수면의 단계에서 찾을 수 있다. 다소 이론적인 내용이지만 최적의 수면 관리를 위해 반드시 짚고 넘어가야 할 부분이다. 수면은 논 램(Non REM) 수면과 램(REM) 수면의 일정한 주기 반복으로 이루어져 있다. '램'

이란 'Rapid Eye Movement'의 약자로, 눈을 감고 있는데 그 안의 눈동자가 탁탁탁탁 빠르게 움직이는 상태를 말한다. 반대로 논 렘은 눈동자의 움직임이 없는 것을 말한다.

논 렘 수면은 육체의 피로를 회복하며, 3단계로 나눌 수 있다. 1단계는 가장 얕은 잠을 의미한다. 누가 말을 걸면 자면서 대답하는 경우가 있는데 이를 1단계라고 보면 된다. 핵심은 최적의 수면을 위해서 1단계가 전체 수면의 10% 이하를 차지해야 한다는 것이다. 그러나 많은 수면 방해 요인들이 1단계를 길게 만든다.

2단계는 우리가 진짜 잤다고 느끼는 잠이라고 할 수 있으며 심박동이나 호흡이 일정해지는 단계다. 흔히 수면제를 먹거나 술을 마셨을 때 잠이 잘 든다고 느끼는 건 1단계를 빠르게 뛰어넘어 바로 2단계로 진입하기 때문이다.

3단계는 굉장히 깊은 잠을 말하며 진정으로 몸이 회복되는 단계다. 건강한 수면을 위해 3단계를 최소 10%는 확보해야 한다. 3단계는 나이가 들거나 수면 질환이 생길 때, 수면을 방해하는 음식을 섭취했을 때 가장 먼저 없어지는 단계이기도 하다.

육체가 아닌 정신적 피로는 램 수면에서 회복된다. 램 수면은 '꿈을 꾸는 잠'이라고도 표현하는데 논 램 수면의 3단계와 더불어 기억력 회복에 가장 중요한 단계다. 램 수면 단계에서는 바로 전날 공부한 내용을 뇌의 기억력 저장소인 해마에 저장시켜 장기 기억으로 가게끔 한다. 수험생들에게 충분한 수면을 취하라고 하는 이유가 바로 여기에 있다. 컨디션 관리를 위한 측면도 있지만 장기 기억으로 전환시키기 위해서이기도 하다.

이렇게 논 램 수면부터 램 수면까지를 수면의 1사이클이라 부르고, 보통 4~5번 사이클이 반복되는 게 일반적인 성인의 수면 과정이라고 할 수 있다. 수면 초반에는 논 램 수면 3단계가 많고 후반에는 램 수면이 많아지기 때문에 공부한 내용을 장기 기억으로 넘기기 위해서는 반드시 충분한 수면을 취해야 한다.

사람은 하루에 몇 시간을 자야 할까?

그렇다면 하루에 몇 시간을 자는 게 정답일까? 나이와 개인에 따라 다르다. 보통 청소년기는 9시간, 성인은 7시간 정도를 권하지만 정확한 답은 '같은 성인이라도 개인마다 적합한 수면 시간은 다르다'이다. 개인에게 필요한 수면 시간은 이미 유전적으로 정해져 있기 때문이다. 역사적으로 10시간 이상은 자야 한다고 했던 아인슈타인 같은 사람을 롱 슬리퍼(Long sleeper), 에디슨처럼 하루에 4시간 미만을 자도 괜찮은 사람을 쇼트 슬리퍼(Short sleeper)라고 부른다.

본인이 롱 슬리퍼에 가까운지, 쇼트 슬리퍼에 가까운지 어떻게 아냐고? 사실 스스로 가장 잘 알고 있다. 몇 시간 정도 잤을 때 힘들지 않게 일어날 수 있고 낮에도 졸리지 않은지 직감적으로 안다. 하지만 더 디테일하게 본인의 적정 수면 시간을 측정하는 방법도 있다. 그건 뒤에서 더 자세히 설명하도록 하겠다.

어쨌든 적절한 수면 시간을 챙겼을 때 기억력과 학습 효율이 올라가고 육체적인 피로감 및 각종 질환을 최소화할 수 있다. 개인에게 필요한 수면 시간을 7.5시간 정도로 가정했을 때 비만지수, 당뇨, 심근경색 등의 관상동맥질환, 우울증, 심혈관계 및 호흡기계 질환으로 인한 사망률이 대체로 V자 형태의 그래프로 나타난다. 수면 시간이 과도할 때보다 오히려 부족할 때 비만지수를 포함한 질환 발병률이 더 큰 경향을 볼 수 있다.

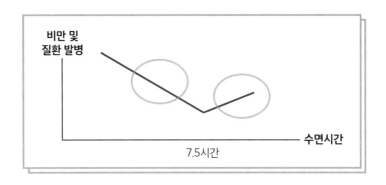

수면의 질이 중요한 이유

같은 수면 시간을 확보했더라도 수면의 질과 수면 시간대가 어떠냐에 따라 그 효율은 천차만별이다. 먼저 수면의 질을 떨어뜨리는 요소로는 크게 ① 술과 카페인 ② 통증 장애 ③ 수면무호흡증 및 코골이 ④ 우울증 및 정신장애 ⑤ 적절하지 못한 빛 관리 등이 있다.

알코올 섭취 시 숙면을 취한다고 착각하는 사람이 있다. 알코올은 논 램 수면의 1단계를 뛰어넘어 바로 2단계로 넘어가게 한다. 그래서 잠이 잘 드는 것처럼 느낄 수 있지만 동시에 3단계도 없애버려 가장 핵심적인 신체의 회복 과정이 사라진다. 술을 마시고 자면 다음날 계속 피곤한 이유가 바로 여기에 있다.

카페인도 마찬가지다. 커피를 마시면 심장이 두근거려 잠을 잘 못 잔다고 하는 사람이 있고, 자신은 커피를 아무리 마셔도 수면과는 아무런 상관이 없다고 말하는 사람도 있다. 카페인에 따른 뇌의 반응성이 사람마다 다른 건 사실이다. 하지만 카페인은 전반적으로 뇌를 깨우기 때문에 잠을 잘 못 자게 하는 주범이다. 논 램 수면 1단계를 길어지게 하거나 2단계로 갔다고 하더라도 3단계로 내려가지 못하고 다시 1단계로 가게 하여 양질의 수면을 방해한다.

학생들과 직장인들이 하루 종일 고개를 숙이고 안 좋은 자세로 공부나 일을 하다 보면 목이나 어깨, 허리, 턱관절 등의 만성적인 통증 장애가 생기기도 한다. 심해지면 통증 때문에 잠을 깨기도 하고, 깊게 자지 못하니 몸이 회복되지 못해 만성 통증 장애가 더 심해지는 악순환으로 이어진다.

수면무호흡증 및 코골이, 우울증도 수면에 악영향을 미치는 질환이다. 분명한 건 본인이 느끼든 주위에서 관찰했든 이 질환들은 반드시 치료가 되어야 한다는 점이다. 적절하지 못한 빛 관리도 수면의 질을 떨어뜨리는 명백한 요인이다. 빛 관리에 대해서는 뒤에서 더 자세히 다루겠다.

수면 시간대가 중요한 이유

수면 시간대는 어쩌면 수면 시간과 수면의 질보다 중요한 영역이다. 우리 몸의 모든 부위는 생체시계를 갖고 각자의 리듬에 따라 움직인다. 이 리듬이 규칙적으로 활동할 때 가장 최적의 성과를 낸다. 예를 들어 위장관의 소화 기능이나 간의 해독 작용 등이 있다.

이 생체시계를 전체적으로 컨트롤하는 게 뇌이고 그 효율성을 높이는 건 결국 규칙적인 기상과 취침이다. 즉 규칙적인 수면과 식사가 동반이 되었을 때 각 시간대별로 적절한 혈압, 각성도, 근력 및 심혈관의 기능, 호르몬 분비가 조절되면서 건강한 신체가 유지된다.

하지만 불규칙한 수면 및 생활 습관을 가진 사람은 이런 주기가 사라지고 종일 멍하거나 근육의 활력이 떨어져 몸 안에 문제가 하나씩 쌓이기 시작한다. 이는 뇌의 건강, 정신장애, 심지어 세포 유전자 레벨에까지 영향을 주어 암이 생길 수도 있다는 게 요즘 연구의 경향이다. 규칙적인 수면 시간대를 지키는 게 굉장히 중요하다는 사실을 이제 어느 정도 느꼈을 테니 다음 단계로 넘어가겠다.

제대로 자고 있는지 판단하는 법

내가 현재 최적의 수면을 취하고 있는지 판단하는 법을 소개한다. 성인 기준으로 보통 필요한 수면 시간은 7.5시간 내외라고 하지만 개인마다 편차가 있다고 했다. 본인이 유전적으로 조금만 자도 되는 사람인데 억지로 7시간 이상을 잔다면 그만큼 공부 시간을 빼앗기는 것이고 반대로 8시간 이상 자야 되는 사람인데 7시간만 잔다면 만성적인 심신의 피로에 시달릴 수 있다.

직관적으로 자신에게 적합한 수면 시간이 파악되지 않는 경우 2주에 걸쳐 수면 일지를 써보자. 하루에 30초만 투자하면 된다. 방법은 간단하다. 메모장에 날짜를 쓰고 바로 전날의 수면 시간과 그날 하루의 컨디션을 숫자로 적으면 된다.

수면 일지		
날짜	수면 시간	컨디션
6/1	7시간	95점
6/2	8시간	98점
6/3	9시간	80점

컨디션 점수는 기상 시 개운함이나 낮에 졸린 정도, 깨어 있을 때의 전반적인 상태를 종합해서 본인의 기준대로 부여하면 된다. 이 숫자들을 모아 분석해 보면 나에게 적합한 수면 시간을 파악할 수 있다.

조금 더 디테일하게 분석하고 싶다면 수면 시간을 세분화해서 취침 시간과 기상 시간, 컨디션과 학습 효율까지도 점수를 적고 비교해 보자. 컨디션이 조금 떨어지더라도 학습 효율에 큰 차이가 없는 구간에서는 약간의 잠을 공부에 더 양보할 수 있으니 말이다.

최상의 수면 상태를 유지하고 싶다면

수면일지를 통해 최적의 수면 시간을 파악했다면 이제 컨디션을 끌어올릴 차례다. 최상의 수면 컨디션으로 건강과 성적까지 극대화할 수 있는 수면 관리 방법을 소개한다.

규칙적인 운동

주 5회 이상, 초저녁에 하는 30~60분 정도의 고강도 운동이 가장 좋다. 하지만 수험생이나 직장인이 이 조건을 맞춰

운동하는 건 어렵다. 그렇다면 방법은 간단하다. 이 중에서 몇 가지 조건을 타협하는 것이다. 초저녁이 힘들다면 아침에, 고강도 운동이 힘들면 가벼운 조깅이나 빠른 걷기로, 주 5회가 힘들면 주 3회라도 하자. 아예 안 하는 것보다는 이런 방식이라도 하는 게 건강한 수면을 위해 훨씬 좋다는 걸 꼭 기억하자.

빛 조절 관리

적절한 빛 조절은 건강한 생체 리듬을 확립하는 데 도움을 준다. 먼저 기상 직후 30분 동안 매우 밝은 빛에 우리 몸을 노출시킨다. 베란다나 창문을 열고 나가서 단 5분이라도 햇빛을 쬐는 것도 좋다. 이때 눈에는 손상이 가지 않게 주의해야 한다. 다시 들어와서 기상 후 활동을 시작하면 되는데, 몸이 힘들면 조금 쉬었다가 해도 된다. 낮 시간대에는 밝은 조명 아래서 공부하거나 작업하는 게 좋고 점심식사 후에는 20~30분 정도 어두운 조명 아래서 낮잠을 자는 것도 효과적인 수면 관리법 중 하나다.

저녁식사 후 해가 지면 자기 전까지 어두운 조명으로 유지한다. 스탠드 아래에서 공부하는 빛 정도는 괜찮다. 다만 외부에 있는 간접 조명은 두꺼운 커튼으로 가리고 천장에 있는 등은 아예 끄거나 어두운 주황색 불로 바꾸는 게 좋다.

학교나 학원에서 공부하는 수험생들은 환경적으로 빛을 조절하기 힘든 부분이 있다. 빛 조절도 운동과 마찬가지로 기상 직후 강력한 빛 노출 또는 귀가 후 빛 제한 등 지킬 수 있을 만큼만 실천하자.

일정한 기상 시간

공부를 늦게까지 하거나 친구들과 늦게까지 놀면 다음날 늦게 일어나게 되는 경우가 많다. 하지만 수면 위생 관점에서 봤을 때 취침 시간은 달라도 기상 시간은 일정하게 유지하는 게 굉장히 중요하다. 일주일 내내 공부와 업무로 피로가 쌓였다면 일요일 하루에 4시간을 더 몰아서 자는 것보단 토요일, 일요일 각 2시간씩 나눠서 더 자는 것도 좋은 전략이다.

규칙적인 식사시간 확보 및 음식 조절

취침 4시간 전부터 금식은 필수다. 이때부터는 수분 섭취도 최소한으로 해야 한다. 이때 마신 물이 소변을 보고 싶게 만들어 숙면을 방해하기 때문이다. 또한 술과 담배는 최대한 피하는 게 좋고 불면 증상이 있으면 커피도 끊는 게 좋다. 카페인을 끊으면 당장은 낮에 더 졸릴 수 있지만 딱 2주만 참으면 건강한 수면 패턴으로 돌아올 수 있다. 정 마시고 싶다면 오전 10시 전에 마시는 걸 추천한다.

속설과 달리 바나나나 따뜻한 우유가 숙면에 크게 도움을 주지는 않는다. 먹어야 될 음식보다 먹지 말아야 하는 음식과 시간에 더 집중하도록 하자.

통증 조절

통증은 정확한 원인을 파악하고 병원에서 치료를 받는 게 정답이지만 시간 여건상 어려운 경우가 많다. 만성 통증의 경우 꾸준한 스트레칭만으로도 어느 정도 컨트롤이 가능하다. 요새는 유튜브에서 목, 어깨, 허리 관련 스트레칭법을 쉽게 접할 수 있으니 본인에게 잘 맞는 영상을 찾아보고 꾸준히 따라하면 좋다.

불면증 관리

불면증이 있는 사람들은 일찍 자려고 침대에 눕는 경우가 있는데 이렇게 하면 잠이 더 안 온다. 의학적으로 불면증이 있는 환자는 전체 수면 시간을 80% 정도로 제한하라고 말한다. 불면증이 있다면 반대로 더 늦게 자려고 시도해 보자. 위에서 언급한 수면 관리 루틴을 반복하다 보면 생체 시계가 다시 세팅되면서 수면 건강을 되찾을 수 있다. 이렇게 시도해도 안 된다면 정신건강의학과 전문의의 도움을 받는 게 좋다.

아침에 일어나기가 너무 싫다면 어떻게 해야 할까?

아침에 일어날 때 피곤한 이유와 이를 극복하는 방안에 대해서도 소개한다. 아침에 일어났을 때 피곤하고 기분이 좋지 않은 건 우리 뇌가 스트레스로 하여금 몽롱한 의식을 맑게 만들기 위해 준비한 일종의 장치다. 더 자세히 말하면 기상 시 코르티솔이라는 스트레스 호르몬의 농도가 증가하여 우리 몸을 각성 상태로 만들어 하루를 시작할 수 있게 만드는 것이다.

재밌는 연구 결과도 있다. 일찍 일어나려는 의지가 이 호르몬 분비에 영향을 준다는 사실이 연구를 통해 밝혀졌다. 가령, '난 다음날 6시에 꼭 일어나야 해' 하고 잠든 경우, 실제로 알람이 울리기 직전에 눈이 번쩍 떠진 경험이 있을 것이다. 뇌와 호르몬의 특성을 알게 되었으니 이제 의지를 갖고 아침에 일어나는 훈련만 하면 된다.

그 밖에 도움이 되는 방법으로는 알람 시계나 휴대폰을 침대에서 멀리 두기, 알람 옆에 물통을 놓고 알람이 울리면 끄면서 물 마시기, 수면 주기에 따라 얕은 수면 중일 때 눈을 뜰 수 있도록 취침 또는 기상 시간을 정해주는 웹사이트나 어플 활용하기 등이 있다.

다만 웹사이트나 어플이 각 개인의 수면 주기 차이까지는 반영하지 못한다는 점과 웨어러블 스마트 워치 같은 경우 총 수면 시간 및 수면 효율이 다소 높게 측정되고 수면 분석의 디테일이 떨어질 수 있다는 점은 알고 있어야 한다. 그래도 한번 활용해 보고 싶다면 한 가지 사이트를 추천해 주겠다.

구글에 'Sleepopolis'라고 검색한 뒤 calculate를 클릭해 본인의 취침 시간을 입력하면 대략적인 수면 주기에 따른 최적의 기상 시간을 계산해 알려준다. 한번 써보고 자신과 잘 맞는다 싶으면 활용하면 된다.

위에서 언급한 여섯 가지 항목을 이해하고 실천한다면 최적의 수면 상태에 이어서 낮 동안 극강의 학습과 업무 효율을 낼 수 있다고 장담한다. 꼭 실천해 보고 건강과 공부 효율을 모두 챙기길 바란다.

체력 관리의 정석

**성공적인 수험 생활을 위해서는
똑똑한 체력 관리가 필수다**

아무리 높은 순공 시간을 확보하고 집중력을 유지한다고 하더라도 체력이 다해 공부를 지속할 수 없다면 준비 중인 시험은 분명 필패할 것이다. 반대로 체력 관리에만 치중해 정작 공부를 소홀히 하는 우를 범해서도 안 된다. 이번에는 체력 관리의 정석을 다루는 한편, 수험생 입장에서 체력을 조금 소진하더라도 공부에 올인할 수 있는 방법까지 살필 예정이다.

체력의 사전적인 의미는 말 그대로 '몸을 움직이는 힘'이다. 체력이 부족하면 움직이기도 싫고 아프기까지 하다. 반면 체력이 좋으면 어떤 일이든 의욕적으로, 그리고 지속적으로 할 수 있다. 건강을 위해서나 본인의 커리어를 위해서나 체력 증진에 힘쓰는 건 상당히 중요하다.

체력 관리의 중요성을 인지하고 있음에도 현실적으로 시간이 부족해서 운동을 미루는 등 체력 관리를 뒷전으로 생각하는 경우가 많다. 또는 반대로 체력을 키운다고 과한 운동을 하느라 공부할 시간이 줄어든다거나 지나친 피로감으로 잠만 자게 되는, 일명 주객이 전도되는 상황이 발생할 수도 있다.

우리는 체력 관리도 최대한 전략적으로 할 필요가 있다. 목표를 명확하게 해서 부족하지도 과하지도 않게 관리하는 것이다. 이를 위해서 체력 관리를 두 개의 차원으로 나눠서 설명하려고 한다. 첫 번째 차원은 체력을 육체적 체력과 정신적 체력으로 나누는 것, 두 번째 차원은 시기에 따라서 10~20대와 30대 이후로 나누는 것이다.

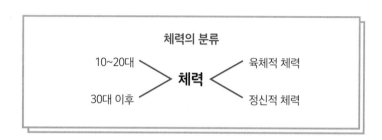

똑똑한 체력 관리를 위한 2차원 분석법

육체적 체력이야 앞에서 설명했고 다들 잘 아는 개념일 테니 여기서는 정신적 체력을 짚고 넘어가겠다. 정신적 체력은 목표한 일을 지속적으로 수행해 나갈 수 있는 정신력을 뜻한다. 정신적 체력이 바닥나면 앞서 다룬 번아웃증후군이 나타날 수 있다. 그리고 이를 육체적 체력에 투영해 본인의 상태를 잘못 진단하는 경우가 발생할 수 있다.

예를 들어 공부에 대한 의지를 상실한 상태를 몸에 체력이 부족해 공부를 진행할 수 없다고 착각하는 경우가 있다. 혹시 본인이 이런 상태는 아닌지 내면을 자세히 들여다보길 바란다.

10~20대와 30대 이후의 체력 관리는 조금 다른 전략으로 접근할 필요가 있다. 10~20대처럼 젊을 때는 생물학적으로 체력이 가장 강한 시기다. 본인의 목표를 향해 자기의 모든 시간과 에너지를 몸을 갈아넣을 정도로 쏟아부었을 때 탈이 나지 않을 정도라면 조금 무리해도 된다고 생각한다. 생물학적 이점을 적극적으로 활용해서, 즉 체력 관리보다 본인의 목표 달성에 더 중점을 두는 것이다.

몸에 이상징후가 보인다거나 장기적으로 공부나 일의 효

율이 떨어진다고 느낀다면 루틴을 재점검하고 운동을 루틴에 추가하는 등의 정교한 체력 관리가 들어가야 한다.

30대 이후부터는 생물학적으로 노화가 진행되면서 체력이 약해진다. 그리고 이때부터는 체력이 본인의 공부나 업무에 더 많은 영향을 끼친다. 체력 관리를 하는 만큼 공부나 일의 능률이 비례하여 증가하기 때문에 운동을 포함한 체력 관리 루틴을 반드시 지켜야 한다.

그리고 이 나이 때부터는 지켜야 할 것들이 늘어난다. 결혼을 하고 가정을 이루며 생기는 배우자와 자녀, 그리고 점점 약해지시는 부모님을 지키기 위해서는 자신의 몸을 더 소중히 대할 필요가 있다. 10~20대는 본인의 몸과 삶을 지키며 마음껏 성장할 수 있는 시기로 활용할 수 있다. 하지만 30대 이상부터는 내가 건강을 잃으면 주위 소중한 사람들의 삶도 같이 갉아먹을 수 있다는 걸 기억하자. 건강 관리에 더욱 큰 책임감과 사명감을 가져야 한다.

체력 관리로 최고의 퍼포먼스를 내는 법

최고의 퍼포먼스를 내기 위한 체력 관리에서 가장 중요

한 건 규칙적인 생활이다. 뇌의 효율을 올리는 수면 관리법 (261쪽)에서 언급했던 내용이다. 중요한 내용만 다시 짚고 넘어가겠다. 우리 몸의 모든 부위는 생체 시계를 갖고 각자의 리듬에 따라 움직인다. 이 리듬이 규칙적일 때 몸은 최대의 성과를 낸다.

그런데 생체 시계를 컨트롤하는 게 뇌이고, 뇌의 효율성을 높이는 건 결국 규칙적인 기상과 취침이다. 규칙적인 수면에 규칙적인 식사까지 동반되었을 때 건강한 신체가 유지되는 원리다.

더불어 바른 자세와 적절한 스트레칭은 건강한 근육과 관절 상태를 유지해 체력 관리에 있어 적지 않은 영향을 미친다. 거북목 방지 및 목과 안면부 근육 건강을 위해서라도 바른 자세를 유지하는 것은 필수다. 머리는 옆에서 봤을 때 턱을 당겨주고 귀의 위치가 어깨 라인과 일치하는 지점을 유지하는 게 바른 자세의 정석이다. 서 있을 때는 이를 지키기 쉽지만 앉아서 공부하거나 작업을 할 때는 자세를 취하기가 만만치 않으므로 책 받침대를 사용하거나 모니터 높이를 조절하는 것이 필요하다.

어깨는 '뒤로 펴고, 아래로 내려라'만 기억하자. 어깨가 앞으로 말리지 않도록 하고 과하게 위로 올리고 있지 말라는 소리다. 잘못된 자세는 승모근의 과도한 긴장을 유발한다. 앉을 때는 등받이가 있고 등받이의 모양이 허리뼈의 굴곡진 상태를 보조하는 의자를 사용하는 게 좋다. 또는 허리 부분에 쿠션을 넣는 것도 괜찮다. 엉덩이는 등받침에 닿을 정도로 의자 끝까지 밀어넣고, 엉덩이의 관절은 무릎 관절보단 약간 높은 정도, 발바닥은 바닥에 닿을 정도의 높이로 앉는 게 척추 건강에 가장 좋은 자세다.

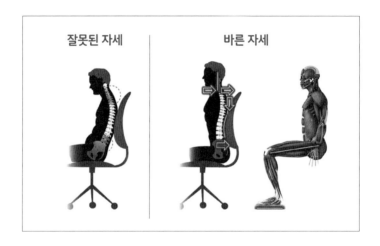

잘못된 자세   바른 자세

공부에 집중하다 보면 자세가 무너지기 십상이다. 무너진 자세로 장시간 있게 되면 근육이 짧아져 근육통까지도 유발할 수 있다. 평소 내가 참고하는 목과 어깨에 좋은 스트레칭

영상이 있어서 QR코드로 공유한다.

유튜브
〈구강내과
덴티장TV〉

의학적으로 스트레칭의 효과는 하루에 6번, 한 번 할 때 6회, 그리고 한 자세당 6초를 유지하는 게 이상적이다. 이걸 기준으로 적당한 횟수로 타협해 꼭 실천하길 바란다.

유산소 운동과 근력 운동을 하는 법

체력 관리에서 운동이 빠질 수 없다. 앞서 체력 관리를 두 개의 차원으로 나눠서 설명한 이유도 이 운동에 대해 좀 더 디테일하게 접근하기 위함이다. 운동은 유산소 운동과 무산소(근력) 운동으로 나눌 수 있다.

유산소 운동부터 살펴보자. 달리기를 하면 심장이 빠르게 뛰는 걸 느끼는데, 이를 반복하면 심장의 크기가 증가해 한 번의 수축으로 훨씬 더 많은 혈액을 온몸에 공급할 수 있게 된다. 자연스럽게 평상시 심박수가 감소하기 때문에 흥분과 관련된 교감신경 작용은 감소하고 이완과 관련된 부교감신경 작용이 증가한다. 예민하고 초조한 마음을 없애주기 때문에 정신적 체력을 늘려준다는 의미도 있고, 안정된 일상을 유지하는 데 도움을 준다.

실제로 항우울제에 버금가는 치료 효과를 보이는 게 바로 운동 요법이다. 스트레스 호르몬인 코리티솔 수치를 감소시킬 뿐만 아니라 우울증 감소에도 큰 효과를 보인다. 우울증은 실제로 기운 부족이나 피로의 형태로 발현되기 때문에 이런 경우라면 운동이 특히 효과적이라고 할 수 있다.

근력 운동은 어떨까? 근력 운동이 신체에 미치는 영향은 이미 많이 알고 있을 테니 뇌와 정신적인 측면 위주로 살펴보겠다. 우선 근력을 키우면 자신의 삶을 컨트롤할 수 있다는 느낌으로 이어져 자존감을 높이는 데 기여한다.

그뿐만 아니라 중년 이후 근력 운동은 인지 능력과 기억력 개선 등 두뇌 건강에도 도움을 준다는 뇌과학적 연구 결과도 밝혀졌다. 근력 운동이 불안증과 우울증을 감소시킬 수도 있다는 연구가 계속해서 나오는 추세다.

결론적으로 두 가지 운동 모두 육체적·정신적 체력을 키우는 데 도움을 준다는 말이다.

두 운동을 조합해 하루 30분에서 1시간 내외, 일주일에 3~5회 정도 시행하는 게 가장 적절한 횟수와 시간이다. 2018년도 미국보건복지부에서 발표된 신체 활동 가이드라인에 따르면 일주일에 적어도 150분에서 300분의 중강도, 주 5일을 기준으로 하면 하루 30분에서 1시간의 운동을 권한다. 고강도 유산소 운동 또는 둘을 적절히 섞어서 해당 시간만큼 시행한다면 건강에 큰 도움이 될 것이다.

만약 운동할 시간이 정말 부족하다면 평상시 이동하는 동선을 조금 돌아가더라도 하루 30분 정도는 빠른 속도로 걸어 보자. 계단 오르기처럼 틈틈이 할 수 있는 운동도 같이 하면 더 좋다. 하루 1시간 이상 중강도의 신체 활동이나 주 2회 이상 중강도를 넘는 근력 운동. 적어도 이 운동 시간만큼은 확보한다 생각하고 실천해 보자.

목표 달성을 위해 체력을 희생할지, 아니면 체력 관리를 루틴화할지 현재 본인의 상황을 파악해 보길 권한다. 거기에 맞게 규칙적인 생활 습관과 건강한 수면 관리, 바른 자세 및 스트레칭, 적절한 빈도와 강도의 운동을 실천하자. 그 누구보다 공부를 오래 지속할 수 있는 힘을 얻게 될 것이다.

진짜 휴식법

제대로 쉬지 못하면 성공을 쟁취할 수 없다

살면서 한번쯤은 '인생에서 뭔가를 이루고 싶다', '원하는 곳에 합격하고 싶다' 등 각자 부푼 꿈을 안고 공부나 일을 시작하지만 의지와는 달리 체력이 받쳐주질 못해 금세 포기해본 경험이 있을 것이다.

사실 포기했던 경험보다 더 큰 문제는 감당할 수 있는 것 이상으로 몸을 혹사시켰을 때 각종 질환과 우울증, 불면증 등으로 이어질 수 있다는 점이다. 그래서 제대로 된 휴식이 중요하다. 지금부터 공부뿐만 아니라 육체적·정신적 건강까지 모두 챙길 수 있는 '제대로 쉬는 법'을 알아보도록 하겠다.

휴식을 취하지 못하면 우리 몸에 어떤 일이 일어날까? 피로와 긴장 상태가 지속될 경우 뇌 안의 편도체로 스트레스 자극이 가해진다. 이는 시상하부로 옮겨지고 몸 안의 부신으로 신호를 보낸다. 그러면 부신에서는 인체를 스트레스로부터 보호하기 위해 코티르솔과 아드레날린이라는 호르몬의 분비를 증가시키기 시작하고 전신의 교감신경은 흥분 상태가 된다.

이 상태가 지속되면 혈압, 혈당, 심박동이 계속 증가해서 소화기능이 억제되어 위장장애를 일으킨다. 긴장한 근육들로 인해 근육통까지도 유발할 수 있다. 이런 다양한 증상들은 몸과 마음의 기능이 떨어진 상태를 의미하고 휴식을 취해달라며 몸이 보내는 신호다.

이런 신호를 무시하고 피로한 상황을 계속해서 방치할 경우 스트레스로부터 우리 몸을 보호하는 부신의 기능이 급격히 떨어지고 심리적으로 영향을 미쳐 우울증까지도 이어질 수 있다. 초기에는 피로의 신호를 감지해 적절한 타이밍에 쉴 수 있다. 하지만 만성이 되면 이미 적응이 되어 몸이 보내는 신호를 알아차리지 못해 계속 몸을 혹사시킬 수 있다는 점이 가장 큰 문제다. 무리한 일상이 알게 모르게 우리 몸을 갉아

먹을 수 있다는 뜻이다.

반면 제대로 된 휴식을 취하면 긴장된 몸의 상태를 이완 상태로 바꾸기 때문에 부신 호르몬은 줄어들고 교감신경보다 부교감신경이 우세해진다. 심박동이 다시 느려지고 혈압과 혈당도 서서히 떨어지기 시작하며 소화기능이 촉진된다. 장의 운동도 빨라진다. 이러한 이완 상태에서 뇌와 신체의 활동을 위한 에너지 생성의 기반을 다지고 지쳐 있던 몸의 이곳저곳에 있는 세포들 역시 재생된다. 신체는 적절한 휴식을 통해 비로소 회복되는 것이다.

최상의 컨디션을 위해 마냥 쉬는 게 정답일까?

이렇게 좋은 휴식을 피로감이 느껴질 때마다 바로바로 취할 수 있다면 당연히 좋을 것이다. 나도 종일 쉬고 최상의 컨디션에서 일을 조금만 하고 싶다. 하지만 치열한 현대 사회에서 마냥 쉴 수만도 없는 노릇이다. 몸과 정신은 말짱하지만 성과를 내지 않는 삶, 이게 진정 당신이 원하는 삶인가? 적어도 이 책을 읽고 있는 사람이라면 조금 무리해서라도 원하는 목표를 성취하고, 충분한 휴식을 취한 뒤 다음 목표를 향해 나아가는 삶을 꿈꾸고 있을 거라 생각한다. 나도 마찬가지다.

그렇다면 남은 답은 하나다. '휴식 시간을 어떤 전략으로 배치할 것인가'이다. 공부를 해서 쉬는 게 아니라 공부를 잘하기 위해 휴식을 어떻게 활용할 것인가를 고민하는 것이다. 당연히 의학적·뇌과학적으로 최상의 휴식 조건도 설명하겠지만 지금부터는 일반적으로 의학 지식이 말하는 이상적인 휴식만을 말하지 않을 것이다. '갓생이 목표인 사람들을 위한 현실적인 전략'까지 첨가한 휴식법을 알려주겠다.

뇌과학적으로 인정되는 최상의 휴식법

의학적으로 인정하는 최상의 휴식법으로는 아무것도 하지 않기, 빈둥거리며 멍하니 있기, 좋아하는 음악을 들으면서 눈을 감고 쉬기 등 인지 능력을 쓰지 않는 휴식법이 있다. 시각적으로 들어오는 정보의 유입을 차단하고 뇌를 쉬게 하는 것이다.

인간이 처리하는 정보 중 90%는 시각을 통해 들어오는데, 이 정보를 처리하면서 뇌는 상당한 에너지를 소모한다. 이미 공부로 혹사당한 뇌를 쉰다는 명목으로 TV나 스마트폰을 보는 것은 오히려 뇌를 더 지치게 하는 행위다.

몸과 머리의 균형을 맞추는 휴식도 중요하다. 평소에 머리를 많이 썼으면 몸을 쓰는 휴식을, 몸을 많이 썼으면 머리를 쓰는 휴식을 취한다. 몸을 쓰는 휴식 중에 가장 간단히 할 수 있는 건 산책이다. 산책 중에도 여러 가지 잡념이 많이 떠오른다면 몸의 감각에 집중하자. 내 발에 느껴지는 감각, 내가 팔을 어느 각도로 들면서 걷고 있는지, 바람이 내 얼굴을 만지는 느낌이나 자연 풍광은 어떤지 등에 집중하면 머릿속이 깨끗이 비워지는 게 느껴질 것이다. 머리를 쓰는 휴식에는 독서가 있다. 관심 분야의 책을 읽으며 지식도 함께 채워보자.

가족이나 친구와 함께 보내는 시간도 필요하다. 마음을 털어놓을 수 있는 친밀한 사람들과의 시간은 흥분과 긴장에서 해방시켜 준다. 특히 직장인이라면 본업과 직접적으로 관련이 없는 사람을 만나 그와 관련되지 않는 얘기를 하는 것이 효과적이다.

적절한 영양소를 잘 섭취하는 것도 휴식의 방법 중 하나다. 적당한 스트레스가 유발될 때 우리 몸에서는 노르아드레날린이 분비된다. 그 결과 뇌의 회전이 가속화되어 공부 효율이 높아지고 주의력과 집중력도 같이 향상된다. 하지만 이 상태가 과하게 지속되어 노르아드레날린이 바닥나면 의욕 저하와 기분이 가라앉는 우울함, 잦은 실수나 깜빡깜빡하는 증상이 나타나기 시작한다.

그럴 때는 요즘 과로하지는 않았는지, 휴식은 제대로 취했는지, 생활 습관이 불규칙하지는 않았는지 점검하는 게 우선이다. 그리고 그에 못지 않게 호르몬 생성을 위한 식사를 잘 챙겨 먹는 것도 중요하다.

노르아드레날린 생성을 위해선 필수 아미노산인 페닐알라닌이 반드시 있어야 하는데, 페닐알라닌은 반드시 음식물을 통해 섭취해야 한다. 주로 고기, 생선, 콩, 달걀, 우유, 견과류 등에 들어 있다. 페닐알라닌에서 노르아드레날린을 생성하려면 비타민C가 필요하므로 브로콜리, 레몬, 딸기, 귤, 키위, 감 등을 섭취하면 좋다. 식사만 제때 잘 챙겨 먹어도 노르아드레날린 합성에는 큰 문제가 없다.

복식호흡을 동반한 심호흡을 하는 것도 휴식의 효과가 있다. 지나친 흥분으로 심장이 너무 빨리 뛰거나 머리가 멍해질 때 심호흡을 하면 몸이 이완되고 심박수가 제자리를 찾는다. 심호흡은 불안감과 몸의 통증 자체도 감소시킬 수 있다는 게 통증의학적으로도 밝혀졌다.

복식호흡 방법은 간단하다. 일단 등을 쭉 펴고 바른 자세로 고친다. 코로 4초간 숨을 들이쉬면서 배에 공기를 채우고

7초간 멈춘 다음 8초에 걸쳐 복부의 움직임을 느끼며 입으로 숨을 내쉬면 된다. 미래에 대한 불안감이나 공부에 대한 압박감이 느껴질 때마다 하루에 5~10분만이라도 복식호흡을 실천해 보자.

마지막으로 잠들기 2~3시간 전에는 아드레날린 스위치를 끄는 게 중요하다. 아드레날린은 신체 기능과 근력을 일시적으로 높이고 뇌에서는 집중력과 판단력을 높이는 장점이 있다. 반면에 과잉 분비되면 심장이 터질 듯이 두근거리며 극도로 긴장하거나 이성을 잃는 등의 상황을 마주할 수 있다. 최적의 휴식을 위해선 수면 몇 시간 전부터는 이 아드레날린 스위치를 끄는 게 좋다.

아드레날린 스위치를 끄기 위해 너무 격렬한 자극이나 치열한 경쟁이 요구되는 게임은 하지 않는 게 좋다. 액션 및 공포 영화를 보거나, 노래방에 가는 것 등도 밤에 즐기기에 적절하지 않은 휴식법이다. 격렬한 운동을 밤에 하는 것도 교감신경을 활성화시키므로 적절치 않다. 최소 취침 2시간 전에 운동을 마치는 게 좋고 이 시간대에 운동을 하고 싶다면 가벼운 스트레칭이나 요가 정도의 운동으로 대체하자.

밤 늦게까지 일하거나 공부하지 않는 것도 중요하다. 이는 역시 교감신경이 잠들기 직전까지 우위에 있었다는 걸 의미한다. 긴장 상태에서 잠이 들기 때문에 충분한 피로 회복이 되지 않는다.

마지막으로 샤워나 목욕을 할 때 40℃가 넘는 뜨거운 물은 피하도록 하자. 보통 물 온도가 40℃가 넘으면 교감신경이, 40℃ 미만의 미지근한 물에서는 부교감신경이 우위에 선다. 뜨거운 물로 하는 목욕은 취침 2시간 전에는 피하고 미지근한 물에서 반신욕을 해 부교감신경을 활성화시켜 피로를 풀어주는 것을 목표로 하자.

지금까지 이상적인 휴식법을 알아봤다. 이렇게만 쉴 수 있다면 우리 몸은 쉽게 지치지 않을 것이다. 하지만 무언가를 성취해야 하는 우리는 매번 이렇게 휴식을 실천하기는 힘들다.

또는 힘들 때 바로 침대에 누워서 유튜브를 보는 게 삶의 낙인 사람들은 진정으로 내가 원하는 휴식법과 이상적인 휴식법이 다르다고 느낄 것이다. 이상과 현실의 간극을 메울 수 있는 휴식법은 없는 걸까? 휴식의 최적화를 위해 내가 개발한 방법을 소개한다. 본인에게 맞게 적당히 응용해서 실천하면 된다.

수험생이 실천할 수 있는 전략적인 휴식 방법

우선 본인의 육체적·정신적 컨디션 그래프를 가상으로 그려보고 현재 어느 시점에 해당하는지 파악한다. 최상의 상태를 100, 최악의 상태를 0이라고 했을 때 이 안에서 컨디션은 왔다갔다 한다는 것을 인지한다.

컨디션이 평균 아래에 있는 시기에는 되도록 이상적인 휴식법을 배치한다. 특히 컨디션 점수가 최악인 시기에는 이상적인 휴식법을 더욱더 적극적으로 실천해서 빠르게 제 컨디션을 찾는 게 중요하다.

반대로 컨디션이 평균 위에 있는 시기에는 본인이 좋아하는 휴식을 섞어서 취한다. 밤에 하는 게임이나 격렬한 운동을 할 때 진정으로 행복하다면 Just do it! 그냥 하면 된다. 물론 쉬지 않고 공부하는 게 본인이 원하는 거라면 이 시기에는 그것도 가능하다.

공부와 일은 자신의 몸과 마음을 잘 관찰하고 그 흐름에 유연하게 태울 수 있어야 한다. 여기에서 설명한 이상적인 휴식법과 본인이 진정으로 즐기는 현실적인 휴식법을 적절히 조합해 오늘부터 실천해 보자. 최고의 퍼포먼스로 원하는 목표를 이루고 좋은 컨디션을 유지하는 게 가능해질 것이다.

1~3부를 통해 암기법과 시간 관리법을 숙지하고 몸과 마음의 체력까지 최적화한 당신은 엄청난 공부 괴물이 되었다. 보디빌더로 예를 들면 상당한 근육의 부피를 갖게 된 상태다. 하지만 우승까지 차지하기 위해서는 근육이 갈라지는 디테일이 필요하다. 공부의 디테일은 시험 스킬을 사용할 때 살아난다.

4부에서는 어떤 과목을 공부하며 어딘가 부족하다고 느꼈던 부분을 완벽히 메울 수 있도록 돕는다. 그다음, 시험 직전에 활용할 수 있는 스킬들로 수험 생활의 화룡점정을 찍어보자. 그동안 해왔던 공부가 조금 미숙했더라도 역전의 시나리오를 쓰는 것이 가능하다. 벼락치기 공부법 등과 함께 시험장에서 활용할 수 있는 스킬을 모두 담았으니 중요한 시험이 있을 때마다 빠르게 훑어보고 들어갈 것을 추천한다.

4부

가장 확실하게
합격으로 이끄는

시험 스킬

7장

___

(마스터)

초고득점으로 과목을
완벽히 마스터하는 방법

— 01 —

메타인지 공부법

메타인지를 키워야 완벽한 공부가 가능해진다

앞에서 다룬 공부법들을 제대로만 활용한다면 순공 시간과 공부 효율을 전반적으로 끌어올리는 데 큰 어려움이 없을 것이다. 지금부터는 최상위권으로 진입하기 위해 더 완벽하게 공부하는 법을 다루어보고자 한다.

EBS의 한 프로그램에서 전국 모의고사 상위 0.1%의 학생 800명과 보통의 평균적인 성적을 가진 학생 700명을 비교한 적이 있다. 두 집단의 유일한 차이점은 IQ도 아니고 집안 환경도 아니고 '메타인지'였다.

메타인지는 '더 높은, 초월한'의 의미를 가진 메타(Meta)와 인지(Cognition)의 합성어로 인지된 상태의 나를 한 단계 높은 곳에서 다시 한번 인지하는 것을 말한다. 즉 인지에 대한 인지, 생각에 대해 생각하는 것, 공부로 따지면 학습에 대한 학습을 가리킨다.

조금 더 쉽게 설명하면 내가 아는 것과 모르는 것을 구분할 수 있는 것이다. 여기서 중요한 건 내가 원래 알고 있던 걸 아는 게 아니고 모르는 것에 대해 알아야 한다는 점이다. 아는 것만 알면 주관적인 관점으로 세상을 바라보게 된다. 내가 모르는 것까지 알아야 전체적으로 세상을 바라볼 수 있다.

공부와 관련된 메타인지에서 내가 말하고 싶은 건 크게 네 가지다. 이 네 가지에 대해 알아본 뒤 메타인지를 높이고 활용하는 공부법을 소개하겠다.

첫째, 공부 과목에 대한 메타인지다. 한 과목에서 내가 잘 아는 부분과 잘 모르는 부분을 구분할 수 있는 능력을 갖추는 것이다. 이는 같은 시간이 주어졌을 때 모르는 부분에 집중해 더 효율적으로 공부할 수 있는 기반이 되기 때문에 중요하다.

둘째, 공부법에 대한 메타인지다. 내가 지금 사용하는 공부 방법론이 맞는지 판단할 수 있는 능력을 말한다. 우리는 합격하는 공부를 해야 한다. 주어진 시간에서 어떤 방법론을 써 공부했을 때, 합격을 보장 받아야 한다. 우리에게 주어진 시간은 이미 정해져 있기 때문에 효율이 좋은 공부법을 계속해서 찾아야 한다는 의미다.

셋째, 공부하는 자신의 내면에 대한 메타인지다. 앞의 두 가지는 공부에 대한 것이었다면, 여기서부터는 '나'에 대한 얘기다. 본인의 장단점부터 파악해 보자. 전문 용어로는 '내용 지식'이라고 하는데, 자신의 능력을 이해하는 능력을 말한다. 그리고 자신이 공부를 하는 동기가 제대로 잡혀 있는지 살펴보는 것이다.

넷째, 공부하는 자신의 외면에 대한 메타인지다. 예를 들어 공부하는 나를 바라보는 부모님이나 선생님의 시선, 교실에서 질문하는 나를 바라보는 친구들의 시선에 대한 인지를 다시 한번 되짚어 본다. 남에게 보여주기 식의 공부를 하고 있지는 않은지, 질문하는 자신의 모습을 부끄러워하지는 않은지 살펴보자.

자신이 모르는 부분을 빠른 시간 안에 찾는 방법

각각의 의미를 살펴봤으니 이제 메타인지를 높이는 법으로 넘어가겠다. 먼저 과목의 메타인지를 높이는 법이다. 처음에는 1부에서 강조한 아웃풋을 활용해 보자. 책의 각 페이지에 핵심 키워드를 형광펜으로 표시하고 그 주변 개념을 함께 떠올리며 읽는 방법, 이어서 전 페이지와 다음 페이지 내용을 떠올리며 아웃풋하는 방법도 있다. 아무 생각 없이 계속 읽기만 하는 건 본인이 아는 것과 모르는 것을 구분하기 어렵게 만든다.

다음은 피드백이다. 몰랐던 내용을 머릿속에 각인시킬 수 있는 가장 확실한 방법은 무엇일까? 바로 시험에서 틀리는 것이다. 가장 적절한 피드백 타이밍은 시험을 본 직후에 가채점을 하고 난 뒤다. 꼭 '직후'라는 골든 타임을 지켜 틀린 개념을 머릿속에 확실히 때려 박아 넣자.

메타인지를 높이기 위해서는 마인드 컨트롤도 필요하다. 메타인지는 완벽하지 않은 자신을 인정하는 것에서 시작한다. 본인의 삶이 현재 너무나 힘들고 문제 투성이로 보이는가? 오히려 다행이다. 인생이라는 긴 관점에서 보면 무엇이든 부족한 부분을 채워나가는 과정이 늘 수반되기 때문이다.

이건 공부에서도 마찬가지다. 모든 문제를 맞혔다면 더 이상 발전할 것이 없다는 걸 의미한다. 틀린 문제가 나올 때마다 좋아해야 한다. 문제를 틀리면 기뻐하고 철저한 분석에 들어가자. 어떤 부분이 부족해서 틀렸는지 제대로 인지할 수 있는 기회다.

마지막으로 적절한 난이도의 문제집을 찾는 것이 중요하다. 틀린 문제의 비율이 일정 수준을 차지하는 문제집을 잘 골라야 한다. 처음에 개념을 잡아갈 때 그 과목에 대한 자신감을 높인다는 측면에서 어느 정도 쉬운 문제집으로 시작하는 건 좋다. 하지만 본격적으로 실력을 올리는 과정에서는 일정 비율로 틀린 문제를 선사하는 문제집으로 공부해야 한다.

그렇다고 너무 어려운 문제집을 고르면 진도 나가는 속도가 느려져서 안 된다. 어느 정도의 비율을 가진 문제집을 풀었을 때 가장 높은 효율을 내는지 스스로 풀어보면서 계속 찾아야 한다.

개인적으로는 틀린 문제 비율이 30% 정도, 즉 한 회를 풀었을 때 70점 정도 나오는 게 가장 효율이 좋다고 느꼈다. 핵심은 이런 문제집을 여러 권 풀면서 틀리는 비율을 점점 줄여가는 것이다. (30% → 20% → 10% → 5%) 어느 순간에는 어떤 문제집을 풀어도 틀리는 문제가 거의 없는 경지에 이르게 되는데, 이럴 때 우리는 그 과목을 마스터했다고 말할 수 있다.

공부 효율을 높이려면 공부법부터 점검하자

현재 자신이 사용하고 있는 공부법을 점검하고 공부법 자체를 업그레이드할 수 있는 방법을 소개한다.

첫째, 기록하기다. 오늘의 공부 효율보다 내일의 공부 효율을 더 높일 방법은 없는지, 오늘 한 공부가 어제 한 공부보다 효과적인지 끊임없이 의심하고 비교한다. 생각만 하는 것보다 직접 기록하는 게 더 확실하다.

하루에 단 5분만 투자하면 된다. 휴대폰 메모장이나 수첩에 날짜, 공부한 과목과 주로 시행한 공부법, 효율을 적는다. 일정한 기록이 쌓이면 데이터가 되고, 가장 효율이 좋았던 방법들만 계속 취하면 된다.

메타인지를 높이기 위한 공부법 기록 예시		
날짜: 11/1 **과목:** 생물 2단원 **공부법:** 타이핑 공부법 **효율:** 80%	**날짜:** 11/2 **과목:** 생물 3단원 **공부법:** 그루핑 암기법 **효율:** 85%	**날짜:** 11/3 **과목:** 한국사 2단원 **공부법:** 새치기 암기법 **효율:** 80%
날짜: 11/4 **과목:** 화학 3단원 **공부법:** 체인지+타이핑 **효율:** 90%	**날짜:** 11/5 **과목:** 화학 4단원 **공부법:** 타이핑 공부법 **효율:** 85%	**날짜:** 11/6 **과목:** 한국사 2단원 **공부법:** 프레임 암기법 **효율:** 85%

둘째, 남들과 비교하기다. 남들과 성적을 비교하라는 말이 아니다. 남들의 공부법과 자신의 공부법을 비교하는 것이다. 기왕 비교할 거 공부 잘하는 사람과의 비교가 좋지 않을까? 그런 측면에서 여러 합격 수기를 담은 책이나 공부법 영상 등을 시청하는 걸 권장한다. 본인에게 가장 잘 맞는 공부법을 끊임없이 찾아가는 것이다.

유튜브가 없던 시절에는 나도 공부 천재들의 책들을 취미로 읽었다. 그 내공들이 쌓여 다양한 공부법을 소유한 지금의 나를 만들 수 있었다고 확신한다. 여러분도 이 책을 통해 본인만의 공부법을 꼭 찾길 바란다.

셋째, 피드백하기다. 과목에 대한 피드백이 시험을 보고 가채점을 한 직후에 이루어졌다면 공부법에 대한 피드백은 전체 시험이 끝나고 진행한다. 과목별로 활용했던 공부법에 대한 것은 물론, 과목별 투자했던 시간의 밸런스 등 전반적인 시간 관리 능력을 분석해 보는 것이다. 시험 점수가 예상이 안 되는 경우라면 최종 성적이 나온 다음에 진행해도 괜찮다. 이러한 분석과 기록을 매 시험 반복하면 점점 공부법과 시간 관리 능력에 대한 메타인지 능력이 향상된다.

자신의 내면을 알면 공부의 길이 보인다

메타인지 전문가인 컬럼비아대학교 심리학과의 리사 손 교수는 본인의 장단점을 찾는 과정을 '모니터링', 그리고 그것을 극복해 가는 과정을 '컨트롤'이라 부른다. 모니터링에 문제가 생기면 다음 단계인 컨트롤도 잘 수행하지 못한다. 제대로 컨트롤하기 위해서는 모니터링 단계에서 자신이 '무엇을 어려워 하는지' 파악하고 자신이 '모를 수도 있다'는 사실을 인정해야 한다고 말한다. 즉, 자신의 단점을 인정하는 것이다.

주체가 나 자신인 상태에서 다양한 경험에 '나'를 노출시키고 실수하는 자신을 받아들이는 것. 이 과정에서 본인의 장단점을 스스로 발견할 수 있는 능력이 길러진다. 공부로 따지면 다양한 과목과 다양한 공부법을 시도해 보고 본인의 강점과 약점을 파악하기 위해 노력해야 한다는 말이다. 이때 발견한 강점은 강화하고 약점은 개선하려는 노력도 지속적으로 해야 한다.

또한 내가 공부를 열심히 해야 하는 이유에 대해 동기 부여 측면에서 성찰해 보길 바란다. 예를 들어 'A 동기는 공부에 대한 노력을 여기까지만 하는 정도의 동기이고, B 동기는 여기까지는 할 수 있게 하는 동기다'라는 것을 파악한다. 동기가 강할수록 공부를 열심히 할 수 있다.

자신의 외면을 점검해
메타인지 공부법을 보다 단단히 만든다

　다른 사람에게 잘 보이기 위한 공부를 한 적이 있는가? 이런 공부는 경계하는 게 맞다. 하지만 남들에게 공부하는 자신의 모습을 보여주는 게 좋다면, 그리고 그 안에서 진짜로 공부를 할 수 있다면 해도 괜찮다고 생각한다.

　예를 들어 집에서 혼자 공부할 땐 공부가 잘 안 되었는데 스터디 카페 등에서 다른 사람의 시선이 존재할 땐 공부가 더 잘된다면 그렇게 하자. 뭐가 됐든 공부만 하면 된다. 다만 공부하는 척 딴짓을 하는 건 당연히 안 된다.

　남들의 시선을 의식하거나 부끄러워서 질문을 자제하는 건 가장 어리석은 일 중 하나다. 아무도 당신이 질문하는 것에 신경을 안 쓴다. 부끄러움은 순간이고 질문을 통해 얻은 지식과 좋은 성적은 내 안에 남는다.

　메타인지 능력을 키우려면 본인이 한없이 부족하고 모르

는 게 많다는 사실을 받아들이는 '겸손함'이 필요하다. 그리고 이를 극복해 나갈 수 있도록 나 자신과의 길고 외로운 싸움을 해야 한다. 인내심을 기르고 그 과정을 온전히 해낼 수 있다는 자신감도 키워야 한다.

결국 메타인지 능력은 스스로 인고의 과정을 거쳤을 때 키울 수 있다. 이미 여러 뇌과학 연구에서 메타인지는 IQ와 달리 근육처럼 훈련하고 발달시킬 수 있는 영역이라고 밝혔다. 이 메타인지만 제대로 발달시킬 수 있으면 여러분도 분명 상위 0.1%의 인재가 될 수 있다.

얼음 공부법

회독을 하려면 얼음 공부법부터 마스터하자

공부 고수들이 말하는 여러 공부법들 중에 빠지지 않는 것이 바로 이론서를 여러 번 읽는 '회독 공부법'이다. 수능, 공무원 시험, 각종 고시 등 장기 시험에 분명 효과적으로 사용할 수 있는 공부법이다.

이번에는 회독 공부법의 기초로 활용할 수 있는 '얼음 공부법'에 대해 소개한다. 이는 얼음이 어는 과학적 원리를 공부에 적용시켜 내가 개발한 공부법이다.

'빙핵'이라는 단어를 들어본 적 있는가? 얼음의 핵을 말하는데, 좀 더 쉽게 설명하면 얼음이 얼기 시작할 때 최초로 어는 것을 유도하는 물질을 말한다. 순수한 물이 얼음이 되려면 일정한 시간 동안 물 알갱이가 특정 모양을 만들어야 하기 때문에 그래서 급하게 온도를 0℃로 낮춘다고 물이 바로 얼지 않는다. 공부로 비유하자면 아무리 여러 번 책을 읽었어도 암기를 이끌어 낼 포인트가 없으면 책의 내용이 머릿속에 들어오기 어렵다는 말이다.

하지만 물 알갱이 사이사이에 빙핵이 존재한다면 얘기가 달라진다. 이 먼지 같은 물질이 중심이 되어 물 알갱이를 끌어당겨 뭉치게 만들고, 어는 속도를 증가시킨다. 이것도 공부에 비유해 말하자면 암기를 이끌어 낼 포인트를 곳곳에 심어 둔다면 암기력과 이해도를 빠르게 증폭시킬 수 있다는 말이다.

빙핵을 심어 놓으면 책 전체의 암기가 쉬워진다

보통 이론서는 제목과 소제목, 구체적인 내용으로 구성되어 있다. 구체적인 내용은 다시 여러 개의 문단으로, 각 문단은 다시 핵심 키워드와 정의, 이를 설명하는 여러 개의 문장과 예시, 하위 키워드 등으로 구성된다.

빙핵을 심는 과정은 대략 이렇다. 먼저 핵심 키워드를 캐치한 뒤 이를 설명하는 문장 또는 하위 키워드들 중 본인 기준에서 가장 외우기 쉬운 것 하나를 함께 외우고 넘어간다.

여러 개의 문단 중 핵심 키워드를 하나씩만 뽑았을 때는 연결이 잘 안 될 때가 많고, 각각의 키워드가 의미하는 게 무엇인지 잊어버릴 수 있다. 하지만 핵심 키워드에 이를 설명하

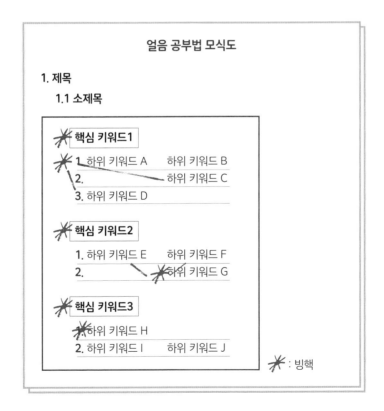

는 문장 또는 관련 키워드를 같이 외우면 키워드 자체도 잘 외워질 뿐만 아니라 다음 회독 시 빙핵을 중심으로 나머지 세부 개념들까지 쉽게 외울 수 있다.

즉, 외워둔 하나의 세부 개념이 빙핵으로 작용하고 이 빙핵에 나머지 문장들과 세부 개념들이 눈송이처럼 달라붙어 책 전체를 머릿속에 넣을 수 있는 원리다.

얼음 공부법 암기 과정 살펴보기

다음은 생물 공부의 바이블로 통하는 『CAMPBELL』 생명 과학에 나오는 생식소 성호르몬에 관한 설명 부분이다. 제시문을 빠르게 읽어보면 핵심 키워드는 '안드로겐', '에스트록 겐', '프로게스틴'이라는 것을 알 수 있다.

처음엔 문맥을 파악할 겸 빠르게 읽어나가며 핵심 키워드와 눈에 들어오는 한두 가지의 개념 및 키워드만 외우고 넘어간다. 첫 번째 문단에서 성호르몬의 정의를 인지하고 생식소의 호르몬에는 안드로겐, 에스트로겐, 프로게스틴이 있다는 걸 캐치한다. 그리고 이어서 세 가지 호르몬에 대한 추가 설명이 나올 것이라는 점을 예측하고 다음 문단으로 넘어간다.

생식소 성호르몬

———성호르몬은 성장, 발생, 생식주기, 그리고 성행동을 조절한다. 이러한 호르몬들은 부신에서 소량분비되지만 주로 남성의 정소와 여성의 난소에서 분비된다. 생식소는 주로 **안드로겐, 에스트로겐, 프로게스틴**의 세 가지 종류의 스테로이드 호르몬을 생산하고 분비한다. 세 종류 모두 남성과 여성에서 발견되지만 그 비율은 매우 다르다.

안드로겐은 사람의 사춘기 때에 다시 중요한 역할을 하게 되어 남성의 2차적인 성장을 유도한다. 사춘기 때, 고농도의 안드로겐은 근육과 뼈 무게의 증가, 남성적인 털, **낮은 목소리** 등을 유발한다. 테스토스테론과 관련된 스테로이드호르몬은 근육을 만드는 능력 때문에 운동선수들로 하여금 이들을 보조제로 섭취하도록 유혹해 왔다. 동화 스테로이드 호르몬은 근육량을 증가시키지만 심각한 여드름의 발생이나 간손상을 유발할 수 있다. 게다가 동화 스테로이드호르몬은 테스토스테론에 음성되먹임 효과를 가지고 있어서 정자의 숫자나 고환의 크기를 감소시킨다.

가장 중요한 에스트라디올 등을 포함하는 **에스트로겐**은 여성의 생식계 유지와 **2차 성징 발달**에 관여한다. 포유류의 경우, 프로게스테론을 포함하는 **프로게스틴**은 주로 배아의 성장과 발생을 지탱하는 **자궁**을 만들고 유지하는 데에 기능한다.

안드로겐의 정의 역시 신경 써서 읽으면서 본인이 가장 잘 기억할 수 있는 추가 키워드를 하나만 가져간다. 나는 여기서 '낮은 목소리'라는 키워드를 가져가겠다. 안드로겐이라는 단어로 안드로메다가 연상되고 안드로메다로 목소리를 보내면 한없이 우주 속으로 빨려 들어가 목소리가 낮아질 것 같기 때문이다.

에스트로겐 관련된 키워드로 '2차 성징 발달', 프로게스틴 관련 키워드로는 '자궁'만 기억하고 넘어다.

이런 식으로 핵심 키워드 옆에 빙핵을 심어두면 2회독 할 책을 읽을 때는 '낮은 목소리'와 연관이 있는 '남성적인 털, 근육과 뼈 무게의 증가'가 이전보다 눈에 더 잘 들어올 것이다. '2차 성징 발달'과 관련 있는 '여성의 생식계 유지', '자궁'의 기능인 '배아의 성장과 발생'이라는 추가적인 키워드를 역시 손쉽게 추가로 외울 수 있다. 빙핵으로 심은 키워드가 인과 관계로든, 병렬 구조로든 다른 키워드와 연관이 있기 때문이다.

생식소 성호르몬

성호르몬은 성장, 발생, 생식주기, 그리고 성행동을 조절한다. 이러한 호르몬들은 부신에서 소량분비되지만 주로 남성의 정소와 여성의 난소에서 분비된다. 생식소는 주로 **안드로겐, 에스트로겐, 프로게스틴**의 3가지 종류의 스테로이드 호르몬을 생산하고 분비한다. 세 종류 모두 남성과 여성에서 발견되지만 그 비율은 매우 다르다.

안드로겐은 사람의 사춘기 때에 다시 중요한 역할을 하게 되어 남성의 2차적인 성장을 유도한다. 사춘기 때, 고농도의 안드로겐은 근육과 뼈 무게의 증가, 남성적인 털, 낮은 목소리 등을 유발한다. 테스토스테론과 관련된 스테로이드호르몬은 근육을 만드는 능력 때문에 운동선수들로 하여금 이들을 보조제로 섭취하도록 유혹해 왔다. 동화 스테로이드 호르몬은 근육량을 증가시키지만 심각한 여드름의 발생이나 간손상을 유발할 수 있다. 게다가 동화 스테로이드호르몬은 테스토스테론에 음성되먹임 효과를 가지고 있어서 정자의 숫자나 고환의 크기를 감소시킨다.

가장 중요한 에스트라디올 등을 포함하는 에스트로겐은 여성의 생식계 유지와 2차 성징 발달에 관여한다. 포유류의 경우, 프로게스테론을 포함하는 프로게스틴은 주로 배아의 성장과 발생을 지탱하는 자궁을 만들고 유지하는 데에 기능한다.

☐ 빙핵과 관련된 추가 키워드

　　빠르게 읽으며 부담 없이 하나씩 심어둔 빙핵이 다음 회독 시 눈덩이처럼 커져 그 주위 개념까지도 잡아주는 역할을 한다. 이 방법은 책의 디테일한 부분까지 외울 때 가장 효과적이다.

　　내가 공부를 할 때 문제에서 이론서의 방향으로 접근하라고 강조하는 것도 이 얼음 공부법에 기초한다. 문제에 나왔던 개념들이 일종의 빙핵으로 작용하기 때문이다. 문제에 해당되는 부분을 이론서에 표시해 두면 그 주위 개념들도 같이 쉽게 외울 수 있다. 기출이나 문제 수가 부족한 파트의 이론을 공부해야 하는 경우라면 더더욱 얼음 공부법을 적극적으로 활용하길 바란다.

회독 공부법

양날의 검인 회독 공부법 제대로 알기

'회독 공부법'이란 기본서를 여러 번 읽는 공부법이다. 회독 공부법은 양날의 검과 같다. 잘못 이해하면 큰 오류를 저질러 시험을 망칠 수도 있지만 제대로 활용한다면 가장 완벽한 공부법이 될 수도 있다. 그 이유에 대해서 차차 설명하겠다.

회독 공부법의 첫 번째 장점은 '편하다'는 것이다. 그저 책을 읽어나가기만 하면 되니 몸도 편하고 다음 회독이 남아있으니 마음도 편하다. 아웃풋이나 문제를 푸는 일에 비해 머리도 편하다.

하지만 특정 회독수를 돌파하면 막연히 시험을 잘 볼 거라는 생각, 글자를 읽고 있으면서 공부를 했다는 착각에 빠지기 쉽다는 단점도 있다. 통독을 하면서도 끊임없이 현재 읽고 있는 새로운 정보를 이미 알고 있는 다른 정보들과 연관 지어 가며 공부해야 비로소 그 내용이 머릿속에 들어온다. 이 기본 전제를 실천하지 않으면 아무리 읽어도 소용없다.

두 번째 장점은 '전체적인 맥락 파악에 유리하다'는 것이다. 전체적인 뉘앙스를 파악하는 데도 유리하고 과목 전체의 이해도도 높일 수 있다.

반면 시험에 잘 나오지도 않는 부분까지 반복해서 읽느라 시간을 낭비할 가능성이 있다. 남들이 시험에 나올 중요한 부분만 보고 들어갈 때 쓸데없는 부분까지 읽다가 정작 중요한 부분을 놓치는 경우가 발생한다.

이렇게 장점과 단점이 양립하는 회독 공부법을 어떻게 하면 정교하게 활용할 수 있을까 정말 많은 고민을 했다. 그리고 장점만을 취하고 단점은 버린 회독 공부법을 완성할 수 있었다. 지금부터 내가 새롭게 개발한 회독 공부법을 소개한다.

1회독 : 공부의 관성을 위해 가볍게 시작한다

1회독에 대해서는 크게 두 가지로 의견이 나뉜다. 1회독 때 모르는 것을 찾아가며 완벽히 공부를 한 뒤 2회독 이상부터 빠르게 진도를 나가는 방법과 1~2회독까지는 가볍게 읽고 점점 개념을 잡아가는 방법이다.

개인적으로 회독 공부법의 장점을 살린 방식은 후자라고 생각한다. 우주 공부법(147쪽)에서도 언급했듯 공부에 있어서 관성을 이용하는 건 굉장히 중요하다. 첫 시작부터 진도가 더디면 점점 지치고 공부할 의지도 사라진다.

따라서 1회독에서는 회독 공부법의 장점인 편하게 하는 공부를 활용한다. 부담 없이 읽어나가되 1회독에서 얻을 수 있는 건 다 얻어가야 한다. 다음과 같은 원칙을 적용해 보자.

첫째, **쓸데없는 내용을 제외한 대부분의 내용에 샤프로 밑줄을 긋고 중요한 키워드엔 동그라미를 치며 읽어나간다.** 이 방법에는 세 가지 효과가 있다. ① 눈이 펜을 따라가면서 일정하게 집중력이 유지되는 효과, ② 완벽하지는 않지만 내용들 중요도에 따라 요철을 만드는 효과, ③ 표시된 책을 보며 느끼는 성취감이다. 이는 공부를 지속하는 데 생각보다 엄청난 힘이 된다. 책이 더러워지고 나중에 제대로 표시할 때 헷갈릴 것 같다고? 그래서 이때는 최대한 얇은 HB 이하 샤프 심을 추천한다.

둘째, **수업 시간 직후에 하는 회독은 몇 배의 효과가 있다.** 수업 당일에 읽는 건 거의 2회독에 버금가는 효과가 있다. 이때는 색깔펜으로 선생님이 강조한 내용을 표시하며 읽어도 된다. 어떤 게 중요한지 명백하기 때문이다.

셋째, 제목 위주의 키워드, 명백한 키워드, 추가 키워드 중에서 **읽으면서 바로 외워질 것 같은 건 그 자리에서 표시한 뒤 암기하고 넘어간다.** 사람에 따라 배경지식이 다르기 때문에 바로 눈에 들어오는 파트나 키워드도 다르다. 이런 부분이 있다면 가볍게 외우고 가는 것이 다음 회독 때 큰 도움이 된다. 거기에 살을 붙여가며 암기와 이해의 폭을 더 넓혀나갈 수 있다.

2회독 : 아직 가벼운 마음을 유지해도 좋다

2회독을 시작하기 전에 수업 중 필기한 내용이나 해당 단원 기출문제를 빠르게 눈으로 보고 들어가는 게 큰 도움이 된다. 어떤 게 중요한지 간파할 수 있기 때문이다. 나는 시험 공부할 시간이 빠듯한 경우에 모든 기출문제에 해당하는 부분을 책에 표시하고 이를 중심으로 암기했다.

수능이나 공무원 시험처럼 공부할 범위가 넓은 시험은 이렇게 하기는 힘들기 때문에 눈으로 기출문제를 훑은 정도에서 시작한다. 다만 1회독과 다르게 2회독부터는 본격적으로 공부를 한다는 마인드로 접근하면 된다.

이때까진 역시 샤프를 활용하자. 1회독보다 조금 더 진한 샤프심을 활용하면 1회독 밑줄과 구분할 수 있다. 책이 더러워지는 게 싫은 사람은 얇은 샤프심을 그대로 유지하면 된다.

중요한 키워드 위주로 동그라미를 치고 핵심 키워드나 시험에 나올 만한 내용에는 별표 등으로 표시하며 읽어나간다. 이렇게 표시하는 건 뇌에게 중요한 것을 기억하라는 명령을 내리는 과정이다. 집중력 유지를 위해 밑줄을 계속 쳐가며 공부하는 것도 괜찮다.

아직 모르는 어휘나 개념이 있더라도 이때는 따로 찾아보지 않는다. 앞뒤 문맥으로 파악할 수 있는 게 있으므로 다음 회독 때 저절로 이해될 여지가 있다. 목차와 제목, 소제목에 나오는 키워드와 추가 키워드 중 빠르게 외울 수 있는 건 확실히 외우고 넘어간다.

3회독 : 핵심 키워드를 표시하며 공부를 시작한다

3회독에 들어가기에 앞서 기출을 한번 풀어보면 이제 어느 정도 풀리기 시작할 것이다. 이때 틀린 문제에 해당하는 내용만 책에 색깔펜으로 표시한다. 핵심 내용이면서도 본인이 약한 부분이니, 가장 중요한 부분이라고 볼 수 있다.

3회독을 할 때는 읽으면서 이해 안 가는 부분이나 단어는 찾아보며 적어두는 것이 좋다. 이때부터는 한 페이지당 가장 중요한 키워드 6~7개 정도를 형광펜으로 표시하며 진도를 나간다. 두문자나 그루핑 암기법 등을 활용해 암기할 수 있는 부분이 있다면 옆에 방법을 적어두는 것도 추천한다.

읽다 보면 쓸데없이 긴 사례를 담은 문단이 나오기도 한다. 어느 정도 기출을 본 상태고, 선생님이 중요하지 않다고 말한 내용이라면 과감하게 엑스로 표시하고 다음 회독부터는 안 읽고 넘어간다. 분량이 길긴 하지만 알고 넘어가야 하는 파트라면 다음 회독 때 도식만 봐도 무슨 내용인지 떠올릴 수 있도록 미리 도식화 작업을 해둔다.

그리고 얼음 공부법(309쪽)에서 언급한 빙핵을 여기저기 심어가면서 빠르게 진도를 나간다. 빠른 진도가 가능한 이유는 점점 배경지식과 어휘력이 늘기 때문이다. 읽을수록 문맥상 이해되는 것도 많아지고 이 과정에서 자연스럽게 암기가 된다.

다시 한번 강조하지만 회독 공부법의 핵심은 세세한 암기를 하느라 천천히 진도를 빼는 게 아니다. 회독할 때마다 바로 외워지는 것들이 늘어나고 이러한 키워드나 내용들을 하나씩 빠르게 잡아나가는 게 중요하다.

4회독 : 단권화와 아웃풋이 핵심이다

4회독에 들어가기에 앞서 기출 외 다른 문제집도 풀어보자. 이때 틀린 내용과 다른 이론서에서 다루는 중요한 내용까지 표시한 뒤 시작하면 좋다. 일종의 단권화 작업이다. 4회독 정도 되면 읽어나가는 속도가 굉장히 빨라지는데 여기서 아웃풋까지 병행해 공부하면 배로 효과적이다.

해당 페이지를 읽기 전에 '이 페이지에서 어떤 내용이 나오지?', '이전 페이지에서는 어떤 내용이 나왔지?', '다음 페이지에서는 어떤 내용이 나오더라?' 등을 생각하며 읽는 것이다. 이 생각은 3회독 때 표시해 둔 형광펜 키워드 위주로 하면 좋다.

4회독은 세미 아웃풋 단계다. 본인이 안 떠오르는 것에 대해 너무 오래 생각하지 말고 해당 내용을 바로 확인하면서 속도에 초점을 맞춰 진도를 나간다. 이때도 빙핵은 계속 심으면서 진행한다.

5회독 이상 : 시험 특성에 따라 두 가지 경로 중 하나를 택한다

5회독 이상부터는 시험 유형에 따라 접근 방식이 다르다. 객관식 위주의 시험은 읽어나가는 시간을 줄이는 방식으로 접근한다. 회독 시마다 책 한 권을 보는 시간이 점점 줄어들 텐데, 시험 전날에 이 한 권을 다 볼 수 있을 정도로 시간을 맞추는 걸 목표로 삼는다.

하루에 4과목 시험을 보는데 전날 12시간을 공부할 수 있는 상황이라면 3시간을 한 과목에 투자할 수 있다. 한 과목의 책이 360쪽이라면 이를 시간으로 나눠 1분에 2쪽씩 보는 수준까지 만드는 것이다. 이렇게 하려면 본인이 완벽하게 안다고 생각하는 건 눈에 띄게 표시해 과감하게 넘길 수 있어야 한다.

주관식 및 서술형 시험에서 고득점이 목표라면 형광펜으로 표시한 키워드들을 타이핑 공부법(103쪽)을 통해 꺼내본다. 그리고 그 키워드 주위의 개념을 연상하거나 직접 적어보고 부족한 부분을 완벽히 숙지한다.

나는 회독 공부법을 활용해서 책 한 권을 머릿속에 넣어야 하는 수많은 과목들을 무난하게 마스터할 수 있었다. 결국 회독 수에 집착하지 말고 각 회독에서 얻을 수 있는 것에 집중하는 게 가장 핵심이다.

단권화 공부법

이렇게 단권화할 게 아니면 안 하느니만 못하다

한 과목을 완벽히 마스터하기 위해 빼놓을 수 없는 공부법이 있다. '단권화 공부법'이다. 한 권의 책에 본인이 공부한 것과 공부해야 할 것을 모두 적는 공부법이다. 그러나 어설픈 단권화는 시험을 망치는 지름길이다. 단권화 작업에 시간과 노력을 쏟아부었지만 정작 머릿속에 넣은 것 없이 공부했다는 착각만 유발할 수 있기 때문이다.

내가 열심히 옮겨 적기만 하는 시간에 경쟁자들은 중요한 것들 위주로 공부해서 고득점을 얻는다는 말이다. 시험 전날

1회독을 채 하지 못할 정도로 너무 방대한 단권화도 안 하느니만 못하다.

아래 단권화 성공 그래프를 보자. 단권화 공부법은 초반에 시간을 많이 투자하지만 시험이 다가올수록 그 과목을 정복하는 데 소요되는 시간이 눈에 띌 정도로 줄어야 한다.

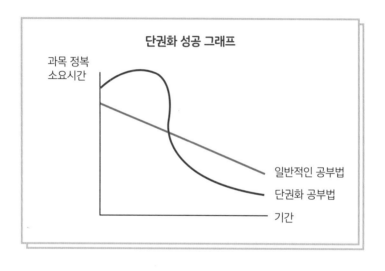

제대로 된 단권화의 시작은 교재 선정이다

본격적으로 단권화하는 방법을 소개한다. 일단 단권화할 교재를 잘 선정해야 한다. 대부분의 내용이 깔끔하게 요약되어 있는 이론서와 설명이 풍부하게 들어 있는 기본서(또는 교과서) 두 부류로 나눌 수 있다. 이론서는 내용이 한눈에 잘 들어오고 핵심 키워드 위주로 빠르게 스캔할 수 있다는 장점이 있지만 상대적으로 추가할 내용이 많다는 단점이 있다. 반면에 기본서는 대부분의 내용이 들어 있어 추가할 내용이 많지는 않지만 내용이 방대해 핵심만 추리는 과정 자체가 만만치 않다. 각자 본인에게 맞는 교재가 있겠지만, 잘 모르겠다면 이렇게 선정하자.

첫째, 방대한 양을 짧은 시간 안에 외워야 하는 암기형 위주의 시험이라면 이론서를, 이해 위주나 응용력과 사고력을 요하는 시험이라면 기본서를 단권화 교재로 선정한다.

둘째, 본인이 쓰고 정리해야 공부가 잘되는 타입이라면 이론서에 내용을 추가하면서 공부하고, 요약하고 밑줄 치면서 핵심을 추출하는 데 재능이 있다면 기본서를 교재로 삼는다.

셋째, 이런 거 저런 거 다 떠나서 공부하고 싶어지고 애착이 가는 교재로 선정한다. 교재가 무엇이든 지속적으로 공부한다는 것 자체가 중요하다. 요즘 나오는 교재들은 대부분 기본 내용을 충실히 담고 있다. 다만 수험생들 사이에서 바이블로 통하는 교재 중 하나로 선정해야 한다는 걸 기억하자.

단권화는 잘 적을 줄 알고, 잘 지울 줄 알면 된다

단권화를 할 때는 당연히 잘 적는 것도 중요하지만 사실은 표시를 잘하는 게 더 중요하다. 책에 없는 내용을 못 봐서 틀리는 경우보다 책에 있지만 못 외워서 틀리는 경우가 압도적으로 많기 때문이다. 우리는 어떤 내용 위주로 표시해야 할까? 다음과 같은 우선순위를 따르면 된다.

책에 표시할 때 적용할 우선순위

1순위 - 기출에서 내가 틀린 문제의 이론 부분
2순위 - 기출에서 내가 맞힌 문제의 이론 부분
3순위 - 모의고사 및 다른 문제집에서 틀린 문제의 이론 부분
4순위 - 모의고사 및 다른 문제집에서 맞힌 문제의 이론 부분

1~4순위를 따라 현재 본인에게 남아 있는 시간에 맞게 어디까지 표시할지 정한다. 시험이 얼마 안 남았는데 모든 문제집과 기출의 내용을 한 권에 옮겨 적는 건 가짜 공부의 끝판왕이다. 극단적으로 말하면 불합격하는 공부법이다.

시험까지 남은 시간이 정말 없으면 해당 내용을 묶고 '00

년도 기출' 식으로 표시하자. 여유가 조금 있다면 문제에 해당되는 부분은 검은색 밑줄로, 정답에 해당되는 키워드는 형광펜으로 표시한다. 틀린 문제가 깊은 생각을 요하는 문제였거나 함정을 파기 쉬운 부분이라면 틀렸던 이유를 미래의 나에게 설명하듯이 써놓는 것도 좋다. 이렇게 표시하면 강약 조절을 하며 교재를 읽어나갈 수 있어 집중력도 유지되고 결과적으로 이해와 암기가 쉬워진다.

단권화 표시 방법 예시

1) 출제연도

stretch)'을 시행한다.[300,352,353] 발통점을 가진 근육조직에 분사한 다음 즉시 근육을 수동적으로 신장한다. 이 술식은 이 장 후반부와 제12장에서 자세히 논의할 것이다.

14기출

초음파요법(ultrasound therapy). 초음파는 조직 내면의 온도를 증가시키는 방법으로 표면 열(surface heat)보다 더 심부조직에 영향을 준다(그림 11-19).[354] 초음파는 심부조직의 혈류를 증가시킬 뿐만 아니라 교원섬유(collagen fiber)를 분리시키는 것 같다. 이렇게 하여 결합조직(connective tissue)의 유연성(flexibility)과 신장성(extensibility)을 향상시킨다.[355] 특히 외상을 받은 환자를 치료할 때 표면 열과 초음파를 함께 사용하도록 제안하고 있다.[359,360] 비록 이런 방법이 몇 년간 명백한 임상적 효과를 보였지만, 이것의 효용성을 다루는 자료는 아직 정리되지 않았다.[361]

음파삼투요법(phonophoresis). 초음파는 피부를 통해 약물을 투여하는 음파삼투요법(phonophoresis)이라는 술식으로도 사용

---

2) 출제연도 + 문제 + 답

편두통, 신경혈관성 두통
(Migraine, neurovascular headache) → '또는'은 틀린표현 15기출

  편두통(신경혈관성 두통)은 보통 몸을 쇠약하게 만드는 심하고
박동성인 편측 통증을 나타낸다.[364] 종종 통증과 함께 오심(nau-
sea), 광선공포증(photophobia) 빛 소리공포증(phonophobia)이
있을 수 있다. 편두통을 경험한 환자의 2/3에서 통증이 편측으로
발생한다고 한다. 전형적으로 편두통은 4~72시간 정도 지속되고
종종 수면 시 경감된다. 어떤 환자는 통증이 시작되기 5~15분 전
에 전조(aura)가 있다고 하는데, 이상감각, 시각 손상 또는 눈앞
에 환상(예: 섬광, 스파크, 지그재그 같은 빛[섬휘암점, teichop-
sia]) 같은 일시적인 신경증상으로 나타난다. 과거에는 전조를 동
반한 편두통을 전형적 편두통(classic migraine)이라고 하였으
며, 반면에 전조가 없는 것은 일반형 편두통(common migraine)
이라고 하였다.

3) 출제연도 + 함정(틀린 이유)

  항우울제(antidepressants). 삼환성 항우울제는 원래 우울증 16기출
치료를 위해 개발되었지만 최근에 개발된 선택적 세로토닌 재흡
수 억제제(selective serotonin reuptake inhibitors; SSRIs)
가 우울증에 좀 더 효과적이라고 입증되었다. 현재 삼환성 항우
울제는 우울증에 잘 사용되지 않는다. 하지만 삼환성 항우울제
의 다양한 만성 통증 상태의 처치에 있어 새로운 가치가 발견되
었다.[259-267] 이는 특히 신경병변 통증에서 그러하다.[268] 자기 전
에 낮은 용량의 아미드립틸린(amitriptyline)(10mg)을 복용시켰
을 때[269-277] 만성 통증에는 진통효과를 보였으나 급성 통증에는
거의 효과가 없었다.[278,279] 항우울 용량은 10~20배 더 높으므로
이 임상효과는 항우울 작용과는 무관하다. 이 약물의 치료효과는
중추신경계 내 시냅스 접합부에서 부위의 세로토닌(serotonin)
과 노어에피네프린(norepinephrine)의 생원성 아민계의 효용성
증가와 관련이 있다고 생각된다. 근수축성 두통과 근골격성 통증
치료 시 삼환성 항우울제는 10mg 정도의 저용량으로도 유용하

다른 교재의 이론이 아예 통으로 빠져 있는 경우는 어떻게 옮겨 적어야 할까? 나는 이런 이론들을 만나면 다른 교재를 가위로 자르거나 타이핑해서 인쇄한 종이를 단권화 교재 해당 페이지에 끼워 넣었다. 이론 전체를 손으로 쓴다는 건 상당한 시간을 요하기 때문이다. '나는 손글씨가 좋다.' 하는 사람들은 손으로 써도 무방하다. 공간이 부족하다면 포스트잇을 활용하는 것도 좋은 방법이다.

지나치게 긴 예시나 쓸데없이 내용이 방대한 부분은 그림을 그리거나 도식화해서 다음에 볼 때 빠르게 보고 넘어갈 수 있게 작업하는 것이 좋다.

바로 외우고 넘어가야 될 부분을 만나면 1부에서 소개한 다양한 암기법을 적용해 보고 가장 적절한 암기 방법을 소제목 옆에 표시해두면 편하다.

지금까지 기출문제를 책에 정교하게 표시하는 법을 알아봤다. 우리가 이 부분에 주목해야 할 이유가 있다. 올해 새롭게 출제될 가능성이 높은 부분은 기출 해당 내용 중에서도 아직 밑줄과 형광펜으로 표시되어 있지 않은 부분이기 때문이다.

'항우울제'에 대한 기출을 여러 해에 걸쳐 다뤘다고 가정해 보자. 이미 문제에 해당되는 부분에 검은색 밑줄을, 정답에 해당되는 부분에 형광펜으로 표시를 해둔 상태다. 이것으로 출제자들이 통증 치료에 있어 항우울제의 역할에 주목한다는 점을 알 수 있다.

하지만 보통 똑같은 문제를 내는 경우는 많지 않다. 기존에 출제됐던 검은 밑줄 부분이 아닌, 같은 항우울제 파트이면서도 아직 출제되지 않은 부분에서 새롭게 출제될 가능성이 높다는 뜻이다. 우리는 검은색 밑줄이 없는 부분이 출제될 거라 예상하며 공부하면 된다. 훨씬 입체적인 공부를 할 수 있을 것이다.

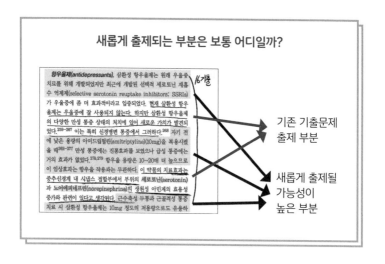

잘 지울 줄 아는 것도 능력이다

핵심 내용에 잘 표시하는 것도 중요하지만 필요하지 않은 내용은 과감하게 지울 줄 아는 것도 중요하다. 몇 년 동안 기출에서도, 다른 문제집에서도 문제로 출제되지 않은 내용이나 책에서 Introduction에 해당하는 부분, 단원의 끝자락 파트 등이 지울 부분에 해당한다.

이 부분은 초고득점을 목표로 하지 않는 이상 과감히 날리고 시험 전날 빠르게 넘기자. 이런 곳까지 공부하다가 정작 중요한 부분을 못 보는 우를 범하지 말길 바란다. 또한 앞에서 도식화 및 그림으로 표시했던 부분을 도식이나 그림만으로 완벽하게 떠올릴 수 있다면 역시 과감하게 넘긴다.

이 모든 과정을 거쳐 단권화한 책은 어떤 식으로 읽는 게 좋을까? 기본적으로 회독 공부법(316쪽)에서 언급한 방식과 유사하다. 여러 번 읽어가며 특정 회독수를 지난 다음에는 읽는 시간을 기하급수적으로 줄여나간다.

이건 회독 시 추가하는 개념 이상으로 본인의 머릿속에 들어오는 개념의 양이 많아야 가능한 얘기다. 추가한 내용을 읽을 때 시간이 오래 걸린다고 느낀다면 단권화를 잘못하고 있거나 복습 주기가 잘못되어 있는 것이다.

단권화 공부법을 제대로 활용했다면 시험이 다가올수록 공부에 가속도가 붙는 걸 체감할 것이다. 이 단권화 교재로 기출과 다른 교재의 내용까지 모두 머릿속에 넣을 수 있다.

8장

(마무리)

합격 성패를 결정하는
시험 직전 공부법

타이밍 공부법

성적은 공부량과
공부 시간만으로 결정되는 게 아니다

누군가 나에게 시험을 잘 보는 방법이 무엇이냐고 묻는다면 당연히 절대적인 공부량과 순공 시간을 확보하는 것이라고 말할 것이다. 하지만 같은 시간을 공부해도 시험을 더 잘 보는 사람이 있고, 분명히 더 못 보는 사람도 있다. 이 차이는 대부분 공부 효율에 기인하지만 더 중요한 건 시험이 남은 시점에 따라 어떤 전략을 썼느냐다.

아무리 평소에 공부를 열심히 했더라도 시험 직전에 엉뚱

한 것을 공부하고 있으면 좋은 결과를 받을 수 없다. 따라서 시험 전에 남은 시간을 디테일하게 나눠 각 시기마다 어떤 것을 집중적으로 공부해야 하는지 알아야 한다.

우선 크게 평상시와 시험을 보기 전, 시험을 보는 도중으로 나눌 수 있다. 지금 소개하는 '타이밍 공부법'은 이름에 걸맞게 각 타이밍에 실천해야 할 공부를 명확하게 아는 것에서 시작한다.

평상시에는 뇌의 해마와 자존감 잘 챙겨 놓기

평상시 실천해야 할 건 '해마 기능 극대화하기'와 '자존감 키우기'가 있다. 우리 뇌에는 들어온 정보를 버릴지 아니면 장기간 보관할지 결정하는 해마가 존재한다. 해마의 용량은 한계가 있기에 쓸데없는 정보라고 판단되면 가차없이 삭제하는 반면, 필요한 정보라고 판단되면 우리 뇌의 신피질이라는 곳으로 보내 장기 기억으로 넘긴다. 이것이 단기 기억과 장기 기억이 만들어지는 메커니즘이다. 공부를 잘하기 위해선 당연히 공부한 내용을 최대한 장기 기억으로 보내야 한다.

해마가 정보를 단기 기억으로 보낼지, 장기 기억으로 보낼지 판단하는 기준은 크게 두 가지다. 하나는 '감정'이다. 감정이 크게 관여할수록 장기 기억으로 넘기는 경향이 있다. 해마 근처에는 감정의 중추라 불리는 편도체가 붙어 있어 상호작용을 하기 때문이다. 다른 하나는 '오감'이다. 그중에서도 특히 시각적인 것을 장기 기억으로 분류하는 경향이 있다.

그럼 공부한 내용을 장기 기억으로 보내려면 어떻게 해야 할까? 프레임 암기법(74쪽)을 평상시에 실천하면 된다. 이론을 이미지화해서 머릿속에 각인시키고 감정과 감각을 첨가한다. 예를 들어 해당 개념에 대해 슬픔, 기쁨, 흥분 등의 감정을 더하고 동시에 읽고 쓰고 듣는 여러 감각을 활용해 암기하는 것이다.

한 가지 더 강조하자면, 해마를 통한 정보의 이동은 주로 밤에 일어난다. 따라서 밤에 숙면을 취하는 것은 학습의 효율을 극대화하기 위해 굉장히 중요하다.

스트레스나 우울에 노출되면 스트레스 호르몬이 해마의 뇌세포를 파괴하기 때문에 멘탈 관리는 필수적이다. 자존감 키우기가 중요한 이유도 자존감이 낮은 사람이라면 다른 사람에 대한 의존이 높아질 수밖에 없기 때문이다. 이는 자연스럽게 공부 자존감에도 영향을 미친다. 공부 자존감이 낮으면 정작 본인이 평소에 열심히 암기 노트를 만들고 예상 문제들을 모아 놓고도 시험 직전에 다른 친구나 유명 강사의 핵심 노트를 보는 시나리오로 흘러갈 수 있다. 자존감이 높은 사람일수록 본인에게 가장 잘 맞는 공부법과 공부 계획을 수립할 수 있다.

해마의 크기를 CT로 찍어 비교하는 실험에서 자존감지수가 높을수록 해마의 크기도 더 큰 것으로 나타났다. 이는 자존감이 높을수록 장기 기억력이 더 높을 수 있다는 걸 시사한다.

시험 보기 전 시기에 공부하는 방법

시험 보기 전의 시기는 시험 기간, 시험 전날, 시험 직전의 10분으로 나눌 수 있다. 각 타이밍별로 집중해서 봐야 할 부분도 다르다.

기본 컨셉은 시험 기간에는 바로 다음 시기(시험 전날)에 볼 부분을 생각하면서 공부하고, 시험 전날에는 시험 직전 10분에 볼 부분을 생각하면서 공부하는 것이다.

시험 전날에 기출 및 수업에서 강조했던 부분, 문제집에서 반복해서 나오는 내용을 손쉽게 볼 수 있도록 평소 공부하는 시간에 따로 추출해 놓자. 책에 색깔펜으로 표시하거나 워드 파일 혹은 A4 용지에 타이핑, 손글씨 등으로 적어두는 방법이 있다. 시험 전날이 오면 이 부분을 반드시 아웃풋으로 먼저 꺼내보고 미흡한 부분은 다시 외우는 걸 반복한다. 그 와중에 죽어도 안 외워지는 부분은 다시 A4용지에 따로 정리하고 개념마다 외우는 방법을 옆에 써두어도 좋다.

이때 정리한 것은 시험 직전 10분 동안에 본다. 이미 경험해 본 사람도 있을 텐데, 완벽하게 못 외운 것도 시험 직전에 보고 들어가면 기억이 난다. 시험 감독관이 책을 집어넣으라고 할 때까지 계속 봐야 한다.

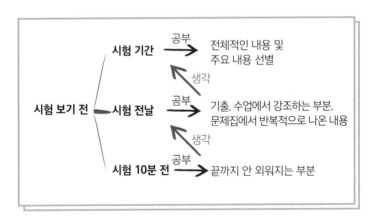

시험 보는 스킬도 결국 타이밍 싸움이다

시험지를 받으면 시험 시작 직후에 해야 할 전략으로 들어간다. 시험지를 넘기면서 마지막까지 봤던 내용을 찾아 그 문제부터 푸는 것이다.

이 방법은 보통 객관식보단 주관식과 서술형 문제에 효과가 있다. 단, 시간이 매우 촉박한 시험이나 마지막에 외운 부분을 찾기가 쉽지 않은 시험에서는 이 과정을 진행하지 않는다. 문제 찾다가 시간 다 뺏긴다. 이럴 때는 그냥 처음부터 풀도록 하자.

시험 시간 중후반에서 활용할 수 있는 스킬도 있다. 혹시 답이 헷갈리는 문제를 만났을 때, 답을 고쳐서 틀려본 적 있지 않은가? 시험을 한 번이라도 본 사람이라면 처음에 3번을 골랐다가 다시 봤더니 4번인 것 같아서 고쳤는데 답이 원래 골랐던 3번이어서 분개한 경험이 있을 것이다.

이 패러독스에 대해 명확한 답을 알려준다. 답은 고치지 말자. 우리의 감과 무의식은 생각보다 큰 힘을 갖고 있다. 정확히 기억이 안 나는 개념이라도 과거에 한 번이라도 훑었던 개념이라면 뇌의 구석진 곳에 남아 있다. 그리고 그것이 발현돼서 답을 고르기까지의 의사 결정에 반영된다.

답을 바꿔야 하는 상황도 물론 있다. 문제나 보기를 잘못 읽었던 걸 발견한 경우, 실수한 게 보인 경우, 고치려는 답의 근거를 명확하게 한 줄 이상 쓸 수 있는 경우 등이다. 이런 경우는 답을 고쳐도 된다. 그러나 명확하지 않은 상황에서는 그냥 처음 고른 답으로 밀고 간다.

각 타이밍별 활용법을 잘만 실천해도 본인이 공부한 것 이상의 성적을 받는 게 가능해진다. 현재 시험을 기준으로 어느 타이밍에 해당하는지 늘 상기하고 타이밍 공부법을 적극적으로 활용해 보자.

벼락치기 공부법

마지막 역전의 기회는 벼락치기 공부법밖에 없다

보통 '벼락치기' 하면 시험 직전에 급하게 공부하는 것을 떠올린다. 벼락치기도 벼락치기 나름이다. 평소에 충분히 공부를 해둔 상태에서 벼락치기 공부법까지 사용한다면 보다 완벽한 시험 대비를 할 수 있다. 반대로 평소에 아무리 공부를 열심히 했더라도 마지막 순간에 방심하면 벼락치기 공부법을 실천한 친구들에게 역전 당하기 십상이다.

벼락치기를 성공하는 원리는 간단하다. 지금부터 말하는 네 가지만 철저히 익히고 활용한다면 평소 공부량이 좀 부족했더라도 역전 시나리오가 가능하니 주목하길 바란다.

벼락치기 공부법의 기본 전제는 마인드 장착이다

마인드 장착은 딱 세 가지만 기억하면 된다. 첫째, **벼락치기로도 충분히 고득점이 가능하다는 믿음**이다. 당연히 쉽지 않은 싸움이 될 것이다. 평소에 꾸준히 공부를 해오던 친구들보다 시험을 잘 볼 확률은 낮다. 하지만 확률이 아예 없는 것도 아니다.

나는 대학교 시절 개강일부터 도서관에 가서 공부하던 타입이었다. 그럼에도 매일 같이 클럽에 다니다가 시험 전날에만 벼락치기로 공부하는 친구에게 등수가 밀린 적이 있었다. 하루만 공부한 사람이 평소에 공부한 사람을 이길 수 있는 확률이 존재한다는 얘기다.

둘째, **바로 직전에 본 건 기억에 잘 남을 수밖에 없다는 각오**다. 평소에 공부를 많이 해둔 경우 시험 전날에 좀 널널하게 공부하려는 경향이 있고 잠도 충분히 잘 수 있다. 반면 평소 공부를 하지 않았다면 위기감을 느껴 엄청난 집중력과 의지가 샘솟는다. 이때 높은 적중률과 비슷한 퍼포먼스를 내는 게 가능해진다.

셋째, **'내가 지금 본 건 시험에 나온다'라는 생각**이다. '이 문장이 시험에 나온다면 어떻게 나올까?'를 항상 의식하면서 공부한다. 이런 마인드 자체가 내용을 이해하고 암기하는 것에는 물론 집중력을 유지하는 데도 도움을 준다.

절대 시간을 확보하지 않고는 벼락치기를 성공할 수 없다

다음은 시간을 확보하는 방법이다. 여기에는 절대적인 공부 시간 자체를 늘리는 것과 온전히 집중할 수 있는 시간을 늘리는 것, 두 가지 방식이 있다. 후자부터 설명하면 지금부터 시험 시작까지 몇 시간이 남았는지 계산해 보고 몇 단원을 공부해야 하는지 파악한다. 가령 12시간이 남았는데 두 과목, 각 6단원씩 봐야 한다면 1시간에 1단원이다. 1시간 안에 1단원을 무조건 끝낸다는 생각으로 공부하면 집중력도 당연히 높아진다.

집중할 수 있는 시간을 늘리는 게 해결되었으니 지금부터는 내신 시험 등 단기 시험에 한정한 절대적인 공부 시간을 늘리는 방법을 설명하겠다. 수능 및 공무원 시험 등의 장기 시험은 컨디션 관리가 매우 중요하기에 이 방법을 사용하는 것이 적절치 않다.

핵심은 수면 시간까지를 공부 시간으로 확보하는 것, 즉 필요에 따라 밤을 새우는 것이다. 밤을 새운다고 표현했지만 실질적으로 시험 범위를 다 보든 보지 못하든 나는 최소 2시간 정도는 자는 것을 원칙으로 했다. 사실 밤을 새운다는 건 말이 쉽지 엄청난 졸음과 컨디션 저하, 집중력 하강과의 싸움이다. 그래서 공부를 하다가 피로감이 절정에 다다랐을 때 2시간 뒤로 알람을 맞추고잔 뒤 새벽에 일어나 공부를 하는 전략을 택했다.

이 전략에는 몸의 컨디션과 집중력을 회복시키기 위한 측면도 있었지만 수면의 1사이클을 지나 전날 학습한 내용을 장기 기억으로 넘기는 논 램 수면 3단계와 그리고 램 수면을 적어도 한 번은 거치기 위함이기도 했다. 더 정확한 설명은 수면 관리의 정석(261쪽)에서 자세히 다루고 있으니 참고하면 된다.

수면 1사이클이 얼마나 많은 기억력 회복을 가져다주는지 정량적으로 측정한 건 아니지만 적어도 나에게 있어서는 전날 본 걸 기억이 더 잘 나게 하는 효과가 있었다. 또한 밤을 완전히 새우는 것보단 약간의 수면으로 컨디션을 회복한 후 남은 시험 범위를 보는 게 훨씬 효율이 좋다고 판단했다.

아무리 이렇게 해도 그 모든 시간을 버티는 것은 만만치 않다. 이럴 때는 카페인의 힘을 빌려보자. 나는 오전에 커피 한 잔만 마셔도 밤에 잠을 잘 못 잘 정도로 카페인에 민감한 사람이다. 그래서 평소에는 오전에 연한 아이스 아메리카노만 먹지만 시험 전날에는 오전에 한 잔, 시험 끝나고는 오후에 한 잔, 그리고 저녁에도 한 잔을 먹는 전략을 택했다.

특히 저녁에는 졸리기 전에 커피 한 잔을 먹어야 그나마 효과를 발휘했다. 졸리기 시작할 때 마시면 이미 늦어서 새벽에 쏟아지는 졸음을 막기 어려웠다. 시험 전날의 공부는 카페인 민감도를 뛰어넘을 만큼이나 많은 에너지와 피로감을 유발하는 과정이다. 24시간 가까이 최대한 맑은 정신을 유지할 수 있는 카페인의 농도와 마시는 횟수, 타이밍을 미리 찾아 놓으면 도움이 된다.

시험 후반부로 가면서 카페인만으로 잠을 쫓는 게 힘들어지면 추가 전략을 취한다. 자기 전에 하는 양치질이나 세수를 졸음 위기가 오는 순간마다 하나씩 하는 방식도 나름 효과가 좋다. 또는 서서 공부하는 것도 추천한다. 낮에는 책상에 엎드려서 잠깐 잘 수 있지만 저녁 이후에는 하염없이 잠들 수 있어서 위험하기 때문이다. 본인이 어떤 수면과 휴식을 취했을 때 그 관성이 이어지는지를 잘 관찰하고 이를 사전에 차단할 수 있는 기준을 반드시 세워두길 바란다.

공대에 다닐 때는 평소에 공부를 대부분 끝내 놓았기 때문에 밤을 새운 적이 거의 없지만 대학원 본과 생활 중에는 시험 기간 내내 밤을 새워가며 공부했기에 루틴을 정교하게 짜는 게 매우 중요했다. 당시 내 시험 기간 루틴은 이렇다.

일단 오전에 시험이 끝나면 점심을 먹고 침대에서 1~2시간 정도 자고 일어난다. 그리고 커피를 마시며 다음날 시험 공부를 시작했다. 새벽에 잠들기 직전까지 공부를 쭉 이어가다가 또 2시간 정도 자고 일어난다. 그리고 다시 공부하다 시험에 들어가는 루틴을 반복했다.

다음 시간표는 시험 직전에 최적화된 벼락치기 루틴이다. 벼락치기 루틴을 짤 때 감이 안 잡힐 당신을 위해 공유한다. 이를 참고하여 카페인 민감성, 수면 패턴, 집중이 잘되는 공부 장소, 잠을 깨는 전략 등을 조합해 본인만의 벼락치기 루틴 시간표를 만들어보길 바란다.

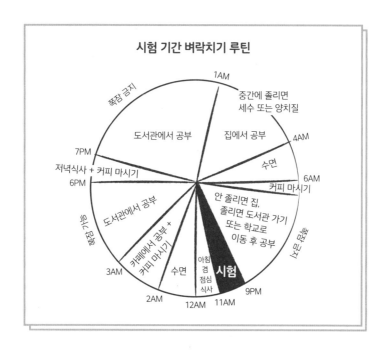

벼락치기에는 선택과 집중이 중요하다

짧은 시간 안에 과목을 완전히 정복하려면 '선택과 집중'
이 필요하다. 선택과 집중은 어떤 과목을 볼 것인가, 그리고
그 과목 내에서 어떤 걸 중점적으로 볼 것인가로 나눌 수 있
다. 벼락치기에서 아주 중요한 부분이니 천천히 읽고 모두 내
것으로 만들어보자.

어떤 과목을 볼 것이냐의 문제는 본인이 목표한 곳에서 성적 산정을 어떤 식으로 하는지에 따라 정하길 추천한다. 가령, 목표한 대학에서 주요 과목 위주의 내신과 학점만 본다고 하면 국영수사과 또는 전공 과목에 우선순위를 두고 공부하는 것이다.

그럼 한 과목 내에서 어떤 걸 중점적으로 봐야 할까? 문제에서 이론으로, 즉 거꾸로 바라보면 답이 보인다. 가장 중요한 건 역시나 기출이다.

기출문제를 보는 요령은 간단하다. 이론은 보지 말고 일단 최대한 빠르게 기출을 푼다. 그다음 해답과 이론서를 옆에 펼쳐 놓고 기출문제에 해당하는 부분을 모두 이론서에 표시해 가며 공부한다. 맞힌 문제든 틀린 문제든 모두 표시한다. 그리고 외울 수 있는 건 그때 바로 외운다. 여기까지가 1단계다. 2단계는 기출문제 외 학교에서 쓰는 문제집 또는 유명한 문제집을 같은 방식으로 공부한다. 여기까지 오면 시험에 나올 만한 중요한 개념과 중요도가 떨어지는 개념이 구분될 것이다. 3단계는 기출 외 다른 문제집 내용이 표시되어 있는 이론서를 처음부터 빠르게 읽어나간다.

이미 중요한 개념이 표시되어 있고 시험에 어떤 식으로 나오는지 알고 있는 상태에서 읽어나간다는 점이 핵심이다. 또한 중요한 개념과 중요하지 않은 내용이 번갈아 나오는 것이 일종의 요철처럼 작용해 머릿속에 착착 달라붙는 경험을 할 수 있다. 무작정 이론서 펴고 처음부터 읽어나가는 것과는 속도와 이해, 암기 정도에 있어 차원이 다르다.

솔직히 이 단계까지 왔으면 평소에 웬만큼 공부했던 친구들도 이길 수 있다. 승리의 미소를 살짝 지어도 된다. 포인트는 살짝이다. 너무 활짝 웃으면 공부도 안 한 애가 시험 전날 실성했다고 주위에서 오해한다.

인맥 없이 벼락치기를 한다고? 강력한 무기를 놓치는 꼴이다

마지막으로 인맥을 활용하는 방법을 소개한다. 인맥에는 선생님과 친구가 있다. 선생님은 사실 누구에게나 열려 있기에 인맥이라고 하기엔 좀 무리가 있지만 어떻게 활용하느냐에 따라 황금 인맥이 될 수도 있다.

평소에 아무리 수업을 안 들었어도 시험 2주에서 1주, 그리고 직전에 하는 수업은 반드시 집중해서 듣는 게 기본이다. 보통 선생님들은 한 달 전부터 시험 문제를 내기 시작해서 2주

전에 마무리하는 경우가 많다. 이때 어느 파트가 중요하다고 강조하거나 대놓고 시험에 나온다고 말하는 선생님들도 있다. 만약 그런 선생님이 아니더라도 본인이 낸 문제가 아른거려 무의식적으로 강조하는 부분이 있는데 이를 캐치하는 건 어렵지 않다.

질문을 잘하는 것도 중요하다. 시험 하루 전날에 하는 것보단 3~4일 전에 질문하면서 선생님의 반응을 살핀다. 흠칫 놀라는 듯한 표정을 지으면 시험에 나올 확률이 높은 것이니 확실히 외우고, 무표정이거나 반응이 별로면 중립을 유지한다. 이것까지 알 필요는 없다고 말하는 친절한 선생님도 있다. 그럼 이 파트는 시원하게 버리고 공부하자. 교무실에 가서 질문하면서 선생님 책상에 있는 문제집을 싹 외우고, 그 문제집을 다 풀어보는 친구도 있었다. 이건 전교 1등 공부법이다. 최상위권이 목표라면 그렇게 해도 괜찮다.

다음 인맥은 친구다. 공부 잘하는 친구를 평소에 잘 사귀어 두는 것은 굉장히 중요하다. 공부 잘하는 친구의 필기를 빌려 볼 수 있기 때문이다. 등수가 1~2등 정도 차이인 친구 두 명이 있다면 둘 중에 더 알아보기 쉽게 필기하는 친구의 것으로 빌리면 된다.

보통 공부를 잘하는 친구들은 미리 시험 공부를 해둔 상태이므로 해당 과목을 문제 풀이, 프린트물, 교과서 공부 중 어떤 부분에 비중을 두고 공부하는 게 최적의 방법인지 알고 있다. 우리는 그 노하우를 물어보는 것이다.

마지막으로 공부법 외에 공부 내용 자체를 물어보는 것도 확실하게 도움이 된다. 부동의 수석이나 1등인 친구들은 이미 완벽하게 공부를 끝내 놨을 확률이 높다. 이런 친구들과 충분히 친한 관계가 형성되어 있다면 시험 전에 1~2시간 정도는 전체적인 맥락과 중요한 이론 위주로 설명을 듣는 것도 가능해진다.

나도 공대에 다닐 때 수학 시험 전날만 되면 형, 동생, 친구들이 공식 유도 및 전체적인 이론 설명을 해달라고 몰려왔고 내가 아는 한에서는 다 설명해 줬다. 물론 내가 그들에게 도움을 받은 적도 있다. 이렇게 친구도 훌륭한 도우미가 될 수 있다.

평소에 아무리 공부를 열심히 했어도 안일하게 생각하는 순간 벼락치기를 제대로 한 사람에게 밀릴 수 있다는 사실을 잊지 말자. 가장 좋은 것은 평소에도 열심히 하고, 시험 전날에 벼락치기 공부법도 실천하는 것이다. 내가 소개한 벼락치기 공부법이 당신의 시험 합격 여부에 큰 도움이 될 거라 믿는다.

시험 잘 보는 여섯 가지 방법

시험 성적이 늘 정직하게 나오는 것만은 아니다

마지막으로 공부한 것 이상으로 시험을 잘 볼 수 있게 해 주는 여섯 가지 방법을 소개하겠다. 흔히들 평소에 쌓아온 공부의 절대량으로 성적이 정해진다고 생각하지만 시험 당일의 컨디션이나 문제를 푸는 전략에 따라 시험 성적은 천차만별이다.

평소에 아무리 공부를 열심히 했어도 시험 당일 똑똑하지 못한 전략으로 시험을 망쳐버리는 사람도 부지기수다. 반면 평소 공부량이 부족했다 하더라도 남다른 전략으로 의외의

고득점을 받아 합격하는 사람들이 있다. 그 차이는 어디에서 오는 걸까?

실력 발휘를 제대로 못하고 시험을 망치는 가장 큰 적은 지나친 긴장이다. 어느 정도의 긴장은 몸에서 노르에피네프린이라는 물질을 분비하게 하여 집중력을 높이는 데 도움을 준다. 하지만 극도의 긴장감은 전두엽을 마비시킨다. 일종의 '뇌 정지'라고도 볼 수 있다.

시험장에서 긴장하는 이유는 시험을 잘 보고 싶다는 욕심이 지나치게 앞서기 때문이다. 그렇다면 이 욕심을 버릴수록 긴장감을 줄일 수 있어 적당히 각성된 상태로 시험을 볼 수 있게 된다는 논리로도 접근이 가능하다.

욕심의 본질은 본인이 가진 것 이상으로 얻고자 했을 때 생기는 마음이다. 여기서 얻고자 하는 것은 높은 시험 점수이고 가진 것은 본인의 실력을 의미한다. 하지만 실력은 시험을 치고 점수를 얻기 전까지 가시화하기 쉽지 않기 때문에 다른 근거로 추정해야 한다.

즉 추상적인 실력 대신 과거에 노력한 만큼 좋은 성적을 얻었던 긍정적인 경험들, 실질적으로 이 과목을 공부하기 위해 투입했던 노력의 절대량을 대입하자.

정리하자면 떨지 않고 적당한 긴장감 속에서 시험을 잘 보기 위해서는 이전 다른 시험들에서 충분한 성공 경험들을 만들어두는 것이 중요하다. 그리고 스스로 생각하기에 후회하지 않을 정도의 노력을 투입한 후에 시험에 임해야 한다.

몸과 뇌를 최적화시켜야 최상의 성과를 낸다

긴장감을 더는 것도 중요하지만 기본적으로 컨디션을 시험에 잘 맞추는 것도 필요하다. 우리 몸에서는 밤낮을 감지하는 호르몬이 나와 24시간 주기를 감지하고, 이 주기에 따라 특정 시간이 되면 특정 행동을 하려는 경향이 있다. 무엇보다도 뇌의 활동이 활발해지려면 기상 후 최소 2시간은 걸린다. 그러므로 시험 시작 최소 3시간 전에는 일어날 수 있도록 미리 본인의 기상 시간과 생활 패턴을 세팅한 뒤 습관을 들여두자.

이 비법이 벼락치기 공부법과 다소 모순이라고 생각이 드는 사람도 있을 것이다. 벼락치기 공부법은 생체 주기를 포기하고 그 시간에 공부하는 것이기 때문에 보통 단기 시험에 유효하다. 하지만 수능 및 공무원 시험 등의 장기 시험에서는 생체 주기와 컨디션을 챙기는 게 더 효율적이다.

다음은 식사 조절법이다. 미국 서던캘리포니아대학교와 예일대학교에서 연구한 바에 따르면 약간의 공복 상태에서 그렐린이라는 호르몬이 분비되고, 이는 기억에 관여하는 뇌의 해마에 자극을 준다는 사실을 밝혀졌다. 약간의 공복 상태가 인지 능력에 긍정적인 영향을 준다는 이야기다.

따라서 시험 당일에는 평소 식사량의 2/3 정도로만 섭취하여 뇌가 최적의 효율을 발휘할 수 있도록 세팅한다. 평소에 먹던 식단 위주로 구성하여 위장에 부담이 가지 않도록 하는 것도 중요하다.

신체의 주기를 시험에 잘 맞췄다 하더라도 머리가 멍하거나 시험 범위가 너무 많아 전날 잠을 거의 못 잔 상황이 발생할 수 있다. 이때 인위적으로 뇌를 깨울 수 있는 방법이 하나 있다. '손'을 활용하는 것이다. 우리 신체 부위 중 뇌신경 세포와 가장 많이 관련된 곳이 바로 손이다.

시험 당일 아침 머리가 멍하다 싶으면 시험 범위에 해당하는 내용을 직접 써보거나 예상 문제에 대한 정답을 써보는 등 손을 통한 아웃풋을 해보자. 뇌를 빠르게 깨우는 데 분명 도움이 될 것이다.

시험 직전과 시험 도중에는 이것만 기억하자

시험 당일 아침부터 시험 시작 전까지의 시간을 대수롭지 않게 여기는 사람들이 의외로 많다. 하지만 시험 시작 30분 전에 본 내용은 거의 사진처럼 기억에 남을 정도로 시험 공부에 있어 골든 타임에 해당한다.

이 시간은 보통 시험장으로 이동하는 시간과 겹치는 경우가 많다. 따라서 이동 시에도 볼 수 있도록 작은 수첩이나 A4 용지에 핵심 내용 및 헷갈리는 부분을 미리 적어 놓은 요약본을 만들어두자. 시험 전날부터 시험 시작 10분 전까지 어떤 내용을 정리하고 볼 것인가는 타이밍 공부법(337쪽)을 참고하자.

문제를 풀 때 사례나 지문이 주어진다면 절대 먼저 읽지 않도록 한다. 지문을 먼저 읽으면 지금 내가 글을 읽고 있는 건지, 시험 문제를 풀고 있는 건지 헷갈리고 그에 따라 집중력도 하강한다. 시험 시간이 지속됨에 따라 문제를 푸는 속도도 점점 떨어진다. 심지어 문제에서 요구하는 답을 찾기 위해 지문을 다시 읽어야 하는 불상사가 발생하기도 한다.

반면에 문제를 먼저 읽으면 어떤 관점으로 지문을 읽어야 할지 틀이 잡히기 때문에 고도의 집중력 상태를 유지할 수 있다. 문제에서 요구하는 바를 찾기 위해 예리한 관점을 갖고 지문에 접근할 수 있으므로 이 부분은 반드시 기억하자.

시험 중 모르는 문제가 나왔을 때 정답률을 높이는 방법도 있다. 앞에서 특정 상황을 제외하곤 원래 골랐던 답을 바꾸지 말라고 했었다. 무의식의 힘을 믿는 것이다.

전혀 모르는 문제가 나왔을 때는 이렇게 하자. 일단 아무리 생각해도 절대 답이 아닌 보기는 제외한다. '~만 그렇다.', '반드시 ~해야 한다.', '언제나', '항상' 등 단정적인 표현이 들어간 문장은 답이 아닌 확률이 높다. 따라서 이런 표현이 없는 것을 고른다면 정답률을 높일 수 있다. '~ 할 수 있다'는 옳은 표현인 경우가 생각보다 많다.

처음부터 여기까지 이 책을 다 읽었다면 내가 개발한 공부법을 절반 이상 마스터한 것이나 다름없다. 여기서 멈추면 안 된다. 공부에도 꾸준한 복습이 필요하듯 공부법에도 복습이 필요하다. 한 번만 읽고 그치지 말고 곁에 두고 언제나 활용하길 바란다.

에필로그

·

최선을 다한 사람이
얻을 수 있는 것

　현재 나는 대학병원 교수로 일하고 있다. 30대 후반을 바라보는 지금, 문득 치열하게 살아온 10대와 20대 시절이 떠오른다. 결국 원하는 목표를 이루긴 했지만 그렇다고 내가 원하는 대로만 인생이 흘러가지는 않았다. 그래도 결과론적으로 보면 그 '원하지 않았던 상황'이 어쩌면 나에게 '필요로 했던 상황'이 아니었을까.

　생각해 보면 세상은 내가 어릴 때 원했던 무언가보다는 나에게 적합한 무언가를 준 것 같다. 물론 이것은 최선을 다해 살지 않는 사람은 얻을 수 없는 것이다. 세상은 적당히 노력하고 적당히 공부한 사람에게는 매정하다. 원하는 그 어떤 것도, 필요한 다른 것도 주지 않는다.

　본인의 인생에 사명감을 갖고 진중한 태도로 노력하는 사람에게는 분명 최선의 길이 열릴 거라 믿어 의심치 않는다. 그 출발선을 공부로 선택한 당신의 발걸음이 부디 이 책을 통해 가벼워질 수 있길 기원한다.

합격하지 못했는가? 성적이 정체되어 있는가? 본인의 공부법에 의문이 들 때마다 이 책을 펼친다면 분명 시원한 해법을 얻을 것이다. 이 책의 공부법을 무조건적으로 따라하라는 말이 아니다. 오히려 내가 했던 그대로 따라하는 방식은 추천하지 않는다.

청출어람이라고 했던가. 내가 제시한 공부법을 발전시켜 더 효율적인 공부법을 개발해 활용하거나 본인에게 더 적합한 방식으로 변형해 사용해 보길 바란다. 이 책은 커다란 가이드 라인과 방법론을 제시할 뿐, 실질적으로 활용하는 것은 본인의 몫이다.

이 책을 끝까지 읽은 당신의 의지력은 분명 공부에서 발휘하는 성실함과 일맥상통할 것이다. 그 초심을 잃지 않는다면 좋은 결과가 있을 거라 확신한다. 원하는 목표를 이룬 날, 〈연수남TV〉 채널에 꼭 댓글로 소식을 전해 주길 바란다. 답글로 그 기쁨을 함께 나눌 것을 약속한다. 당신의 합격을 다시 한번 기원하며. Good Luck!

연수남 씀

참고 문헌

- 『1등은 당신처럼 공부하지 않았다』, 김도윤, 쌤앤파커스
- 『거시경제론』, 정운찬, 김영식, 이재원, 율곡출판사
- 『공부하고 있다는 착각』, 대니얼 T. 윌링햄, 웅진지식하우스
- 『나는 무조건 한 번에 합격한다』, 이형재, 웅진지식하우스
- 『나는 무조건 합격하는 공부만 한다』, 이윤규, 비즈니스북스
- 『당신의 공부는 틀리지 않았다』, 샤오TV, 다산북스
- 『마흔에 읽는 쇼펜하우어』, 강용수, 유노북스
- 『메타인지 학습법』, 리사 손, 21세기북스
- 『빠르고 단단한 공부법』, 크리스티안 그뤼닝, 플로우
- 『기적의 암기법』, 정계원, 유노북스
- 『아무것도 하기 싫은 사람을 위한 뇌 과학』, 가토 도시노리, 갤리온
- 『악관절장애와 교합의 치료』, JEFFREY P. OKESON, 대한나래출판사
- 『캠벨 생명과학 8판』, CAMPBELL, 바이오사이언스
- 『편두통 예방치료 약제 진료지침』, 대한두통학회· 대한신경과학회, 2021
- 『하버드 집중력 혁명』, 에드워드 할로웰, 토네이도
- 『하버드 회복탄력성 수업』, 게일 가젤, 현대지성
- 『하버드대생 공부법은 당신과 다르다』, 류쉬안, 다연
- 『혼자 하는 공부의 정석』, 한재우, 위즈덤하우스
- 『Across the consciousness continuum - from unresponsive wakefulness to sleep』, Christine B, 2015
- 『EBS 개념완성 사회탐구영역 윤리와사상』, EBS, 한국교육방송공사
- 『EBS 고등예비과정 국어』, EBS, 한국교육방송공사
- 『EBS 고등예비과정 통합과학』, EBS, 한국교육방송공사
- 『EBS 고등예비과정 한국사』, EBS, 한국교육방송공사

참고 기사

- 〈외워야 할 것 있다면 잠들기 전 집중하세요〉, 명지민, 헬스조선
  https://m.health.chosun.com/svc/news_view.html?contid=2019041801775

모든 시험에 적용되는
33가지 진짜 공부법

초판 1쇄 발행 2024년 11월 26일
초판 4쇄 발행 2024년 12월 26일

지은이 연수남
펴낸이 김선식

부사장 김은영
콘텐츠사업2본부장 박현미
책임편집 남슬기 **책임마케터** 문서희
콘텐츠사업7팀장 김단비 **콘텐츠사업7팀** 이한결, 남슬기
마케팅본부장 권장규 **마케팅1팀** 박태준, 오서영, 문서희 **채널팀** 권오권, 지석배
미디어홍보본부장 정명찬 **브랜드관리팀** 오수미, 김은지, 이소영, 박장미, 박주현, 서가을
뉴미디어팀 김민정, 홍수경, 변승주, 고나연 **지식교양팀** 이수인, 염아라, 석찬미, 김혜원
편집관리팀 조세현, 김호주, 백설희 **저작권팀** 성민경, 이슬, 윤제희
재무관리팀 하미선, 임혜정, 이슬기, 김주영, 오지수
인사총무팀 강미숙, 이정환, 김혜진, 황종원
제작관리팀 이소현, 김소영, 김진경, 최완규, 이지우, 박예찬
물류관리팀 김형기, 김선민, 주정훈, 김선진, 한유현, 전태연, 양문현, 이민운
외부스태프 디자인 스튜디오 수박

펴낸곳 다산북스 **출판등록** 2005년 12월 23일 제313-2005-00277호
주소 경기도 파주시 회동길 490 다산북스 파주사옥
전화 02-704-1724 **팩스** 02-703-2219 **이메일** dasanbooks@dasanbooks.com
홈페이지 www.dasan.group **블로그** blog.naver.com/dasan_books
용지 스마일몬스터 **인쇄 및 제본** 한영문화사 **코팅 및 후가공** 평창피엔지

ISBN 979-11-306-6082-0 (03190)

다산북스(DASANBOOKS)는 책에 관한 독자 여러분의 아이디어와 원고를 기쁜 마음으로 기다리고 있습니다.
출간을 원하는 분은 다산북스 홈페이지 '원고 투고' 항목에 출간 기획서와 원고 샘플 등을 보내주세요.
머뭇거리지 말고 문을 두드리세요.